なりたいように　なりなさい

小林照子

日本実業出版社

はじめに

大丈夫、なりたいようになりなさい

こんにちは、小林照子です。

２０２０年2月、私は85歳になりました。

20歳で美容の仕事を始めてから、65年。

いまも現役のメイクアップアーティストとして、美容のプロを育てる教育者として、３つの会社の経営者として、忙しくも充実した毎日をすごしています。

この原稿を書いている、２０２０年の春。

新型コロナウィルスが猛威を振るい、世界は大きな転換期を迎えています。

人間の弱さやズルさ、
人間の知恵、かしこさ、温かさ。
リーダーのあり方、
社会のシステムのあり方。

よい面も、悪い面も、それぞれが内側に持っていたものが表に現れています。

まるで、まいた種が芽を出し、茎《くき》を伸ばすように。


世界中が不穏な空気に包まれ、経済的に打撃を受けたり、仕事や人生の予定が狂ったりして、不安にさいなまされている方もいるかもしれません。

いろいろな形で、試練に直面しているのではないでしょうか。

これは、試練であると同時に、あたらしい生き方にシフトするためのチャンス。


よい種をまき、育てること。

それがいま、求められているのではないでしょうか。

あなたは、いま、ここから、どんな人生を歩みたいですか？

どんな社会、どんな世界、どんな未来を作りたいですか？

そのために、あなたができることはなんですか？

一人ひとりが、「いま」という時代から問われているように思います。

私自身がいま、できること。
いまだからするべきことはなんだろう？
そう自分に問いかけたとき、
「私には、『美容的な生き方』を伝える使命がある」
という答えにたどり着きました。

「美容」とは、「顔やからだつき、肌などを美しく整えること」と辞書にあります。辞書には外見のことだけが書かれていますが、美容は人の内面、心の状態や生き方に大きな影響を与えます。

美容で外見に働きかけることで、内面を変化させ、人生そのものも変化させることができるのです。

では、「美しさ」ってなんでしょう。

1950年代、私が化粧品会社で仕事を始めた頃は、「欠点修正法」というメイクが主流でした。目鼻立ちのバランスが整った、教科書的な美人顔に近づけるための化粧法がよし、とされていたのです。

つまり、「教科書美人」から外れた顔の特徴はすべて「欠点」とする考え方です。私は、このやり方に強い違和感を覚えました。

この世に同じ顔かたちの人はひとりもいません。

そして、どんな人にも魅力があります。

美容の役割は、一人ひとりの個性をプラスにとらえ、その人ならではの美しさを引き出し、表現することです。すると、心の状態も整い、才能や能力が花開き、人間関係が変わり、生き方も大きく好転していきます。

「美容的な生き方」とは、人の個性、目の前にある物、起きた出来事、すべてを受け入れてプラスに変えていく生き方なのです。

おだやかな晴れの日、激しい嵐の日があるように、日々生きているとうれしいことも悲しいこともあります。

でも、起きた出来事はすべて必然。

そこから何を学び、どう生かしていくかが生きる醍醐味です。

夢があるから、前を向いて生きていける

私の人生の始まりは、波乱万丈でした。

昭和10（1935）年、東京に生まれ、6歳のときに第二次世界大戦が始まりました。幼い頃に親が離婚し、まず母に、そして父にと引き取られました。しかし父はほどなく病死。今度は父の再婚相手の兄夫婦に引き取られて育ちました。産みの両親、義母、養父母。合計5人の親たちはまったくバラバラの個性、価値観を持っていました。

この複雑な成育環境は、

「人と比べる生き方をせず、自分の信念に従って生きる」

という私の人生の土台を築いてくれました。

10歳のとき、疎開先の山形で終戦を迎えました。

「日本は強い、絶対に勝つ」

と軍国教育をされていたのに、戦争に負けた途端、

「あの教育は間違っていた」

と、すべての価値観がひっくり返されました。

10代の頃は病気で寝たきりの養母と、看病に明け暮れる養父を食べさせるため、農家の手伝いをしたり、学校の給仕をしたりして働き、一家を支えました。


私が16歳の頃、徒歩旅行をしていた東京に住む実の兄の友人・Iさんが、山形の家を訪ねてきたことがありました。

「こんなところにいたくない、東京に行きたい」

そう訴えた私に、Iさんは諭すように言いました。

「望みさえ持っていれば、必ずかなうから」

Iさんにそう言われても、当時の私は信じることはできませんでした。

そんな生活の中で、夢がひとつ生まれました。

「東京に戻って、演劇のメイクアップアーティストになりたい！」

仕事の合間に地域の演劇サークルで活動していた私は、化粧でキャラクターを表現するおもしろさに魅了されたのです。

でも、家は貧しく、親を置いて東京に出る余裕などありません。


その後、私が18歳のときに養母は亡くなりました。養父はすっかりやつれ、生活は変わらず厳しいものでした。


しかし、人生には何が起きるかわかりません。

19歳のとき、思わぬことで東京に出られるチャンスが訪れました。養父は、「行きなさい」と背中を押してくれました。

私は働きながら夜間の美容学校に通い、卒業後に運よく化粧品会社に入ることができました。メイクアップアーティストになる、という夢を実現する第一歩を踏み出すことができたのです。

実は、16歳のときにＩさんに励ましの言葉をもらったことは、つい最近まで忘れていました。

「夢は、持ち続けていれば必ずかなう」

私は長い間、この言葉をたくさんの人に伝えてきましたが、元はといえばＩさんの影響だったのです。Ｉさんがまいてくれた希望の種が、私の中で育ったのですね。

美容の仕事を始めてからも、いろいろな試練がありました。

でも、それも振り返ってみれば必要があって起きたこと。「試練」の文字通り、自分が試され、困難を乗り越える練習をさせられていたのです。

だから、いま、つらい思いをしている人、どん底にいる人も、あきらめないで。

夢をどこかに置き忘れなければ、きっときっと、かなえられますから。

*

もうひとつ、「美容的な生き方」とは、思いやりをもって生きることです。

たとえば、あなたは自分の肌に、どのくらい思いやり、想像力を持っているでしょうか。

いま、あなたの肌に現れていること。それもまた、まいた種の結果です。何をどう食べたか、睡眠がとれているか。運動をしているか、ストレスはケアできているか。

体と心の状態は、肌にそのまま表れます。

汚れを取り、潤《うるお》いを与えているか。乾燥や紫外線などの刺激から、肌を守っているか。肌のコンディションをキャッチし、適切なお手入れをしているかどうかも、肌に顕著に表れます。

もっと視野を広げると、人の生き方、社会のあり方、地球の環境も、あなたの

肌と無関係ではありません。

肌の細胞を作るのは、食べ物です。

日々口にする食べ物は、自然という資源を活用しながら生産や加工をする人がいて、流通する人がいて、販売する人がいて私たちに届きます。

目の前にある食べ物は、たくさんの人の営みに支えられていまここにあるのです。

オゾンホールの破壊による強い紫外線や、環境破壊による空気の汚れは、肌にダメージを与えます。

私利私欲、経済最優先で自然を破壊し、環境が悪化すれば、肌にも悪影響が及びます。

高い視点から見れば、「自分の肌」というパーソナルなものは、地球の状態を反映させているのです。

ここでもまた、よい種をまき、育てることが求められています。

先の読めない時代です。

だからこそ、自分の直感を信じて、

「こうなりたい！」

というイメージを強く持ってください。

あなたの人生は、あなたがなりたいようになる、そのために用意されています。

私は女性の肌に触れ、言葉を交わし、メイクアップで魅力を引き出すことを生業としてきました。これまで多くの女性と接してきて、女性は何歳からでも輝けると確信しています。

30代は働き盛りで体力はありますが、思うようにならないことも多く、未熟な自分に焦ることもあるでしょう。

40代では、更年期など体の不調を感じることも多くなります。一方で、仕事や家庭での責任が重くなり、気づかないうちに無理をしがちです。

50代、60代になっても、人生の後半戦をどのように生きるか悩みます。定年や子どもの巣立ちが見えてきて、「もう一度、自分らしく人生を生き直したい」と考える人、子育てが終わると思ったら、親の介護が始まる人もいます。

結局、何歳になっても、その世代なりの悩みや試練は尽きません。

でも、あきらめないでほしいのです。

「こんな未来を作りたい！」というビジョンを描いてください。

夢を言葉にして、いまできる一歩を踏み出してください。

年齢は関係ありません。

自分の未来、地球の未来をしっかりと思い描いて前に進むことで、現実は作られていくのです。

一人ひとりが、よい種をまき、「なりたいように生きる」こと。

それが社会を変え、あたらしい時代を作る原動力となるでしょう。

大丈夫。
なりたいように、なりなさい。
なりたいように、生きましょう。

２０２０年４月

小林照子

なりたいようになりなさい　目次

第3章 「好奇心」を捨てない ——生き方

第4章 捨てるものは潔く

装丁・本文デザイン　轡田昭彦＋坪井朋子
写真　野中弥真人
編集協力　麻子
ナイキミキ（小林照子株式会社）
井口浩子（美・ファイン研究所）
カバー写真メイク　藤枝暁子（美・ファイン研究所）

第1章

「自己愛」を捨てない

なりたい自分を捨てない

10代後半、働きながら演劇サークルで活動していた私は、演じる立場よりも、裏方として舞台をクリエイトすることに魅力を感じました。

特に、化粧によるキャラクター作りのおもしろさに夢中になり、

「演劇のメイクアップアーティストになりたい」

という夢を描くようになりました。

しかし、当時はメイクアップアーティストという職業はなく、学校もありませんでした。

「化粧品会社に入れば、メイクアップが学べるかもしれない」

そう思い、運よく化粧品会社に入社することができましたが、当初教えられた

化粧は「欠点修正法」というやり方が主流でした。目鼻立ちが整った顔立ちに近づけるため、化粧で一人ひとりの顔の特徴を消していくようなやり方です。

このやり方では、その人の個性を魅力として生かしたり、演劇でそれぞれのキャラクターを生き生きと表現したりするメイクはできませんでした。

後進を育てることで、道ができる

私は「日本のメイクアップアーティストの草分け」といわれることがあります。自分が理想とするメイクアップを求めて、文字通り草をかき分けて、さまざまな理論と手法を作り出してきました。

しかし、せっかく草をかき分けても、後に続く人がいなければ職業として確立できません。

30代になった頃、当時勤めていた化粧品会社の同僚であり生涯の友人でもある盛《もり》田《た》伯《のり》さんとともに、「メイキャップアトリエ・エポック」という私塾を開き、若い人を育てるようになりました。彼女と私は同世代で、働く女性が少なかった時代に、お互い1歳違いの子どもを育てる同志。ワーキングマザーの先駆けでもありました。

盛田さん夫婦と私たち夫婦は、協力しながらお互いの子どもを育てました。たとえば、「子ども二人を動物園に連れていくのは、こちらのお父さん」、「運動会に応援にいくのは、こちらのお母さん」というように、大人4人で担当を決めるのです。保育園の送り迎えなどを、ジャンケンで決めたこともありました。

会社での仕事を終えた後、エポックで若者たちにメイクを教え、新しい技術をともに磨いていきました。いつもにぎやかでクリエイティブで、たくさんの出会いがあり、楽しく充実した時間でした。プロとして活躍する人も何人も現れました。

この活動が、人を育てることに興味を持つきっかけになりました。

1975年、私は40歳になりました。いまでは信じられないかもしれませんが、所属していた会社では「女性は45歳で定年退職」と決まっていました。

「あと5年で定年か。だったら、自分がやめても支障がないように会社で後継者を育てながら、定年後に学校を作る準備をしよう」

私はそう決めました。ところがです。あるとき、雑誌の取材があり、

「これはまだ、オフレコよ」

と、定年後に学校を作る夢を話したところ、なぜかそのまま記事に。私の計画が会社にバレて、大騒ぎになりました。

私としては、定年後の人生設計を話しただけなのですが、「君には45歳でやめてもらっては困る」と引き留められました。その後、会社は制度を見直し、私が45歳になるときには、女性の定年も男性と同じ55歳に引き上げられました。

めぐりめぐって、夢は叶う

結局、私は会社にとどまり、１９８３年、48歳のときに「ザ・ベストメイキャ

ップ・スクール」を立ち上げました。

「会社の枠を超えて、美容業界全体が成長するために人を育てるのが使命」そう考え、会社の直接経営ではなく、社内ベンチャーの形を取りました。

当時はこうした形は一般的ではなく、女性がリーダーということへの風当たりも強くありました。スタッフとともに、いくつもの壁を打ち破って設立にこぎつけました。

大変な道のりでしたが、会社の協力を得ることで大きな規模で学校をスタートさせることができました。

独立後、1994年には「[フロムハンド」メイクアップアカデミー」を設立。2010年には東京で、2013年には京都で、美容に特化した通信制高等学校「青山ビューティ学院高等部」を設立しました。

学校を始めて40年近くが経ち、いまでは日本はもちろん、世界中で卒業生が活躍しています。

「メイクアップアーティストになりたいけれど、どこで学んだらいいの？」

かつて途方に暮れていた私への答えが、私の学校作りの原点です。

ちなみに、

「演劇のメイクアップアーティストになりたい！」

という10代の頃からの夢が叶ったのは、50歳のときでした。

１９８５年、東京・青山劇場のこけら落とし公演のヘアメイクを担当することになったのです。

大舞台に登場する、70人を超えるたくさんのキャラクターのヘアメイクを「ザ・ベストメイキャップ・スクール」のスタッフや学生総出でやり遂げました。

こうして、めぐりめぐって、長年の夢が叶ったのです。

自分が育てたメンバーとともにこの仕事ができたことは、とてもうれしく、誇りに思える出来事でした。

もしあなたに叶えたい夢があるなら、その夢を口に出してください。そして**努力を続けてください。**人間って、本当に発した言葉通りの人生を歩むようになるのですから。

そして、夢をひとつに絞る必要はありません。私は、演劇のメイクアップアーティストになるという夢を10代の頃から持ち続けました。

30代からは、美容の教育に興味を持ち、学校を作りたいという夢を持ちました。

二つの夢は時間をかけてリンクしあい、結局二つとも叶えることができました。

夢は、あきらめなければきっと叶いますから。

自分で自分をほがらかにする

生きていれば、日々いろいろなことが起こります。

うれしいことも、うれしくないこともありますが、大切なのは自分で自分をほがらかにすること。

つまり、上手に自分のご機嫌をとる、ということです。

私はよく人から、

「いつも機嫌がよさそうですね」

と言われます。

実際には、イラッ、ムカッとする出来事もありますし、年齢なりに体がしんどくなるときもあります。

ただ、それを長引かせないで、プラスに持っていくやり方、自分のご機嫌をとる方法が身についているのです。

たとえば、仕事の合間に鏡を見たとき。

「なんだか疲れていて、機嫌が悪そうに見えるわ」

というときは、チークカラー（頬紅）をサッと入れて血色をプラスします。かつて「お弁当を忘れても、チークカラーは忘れるな！」という標語（笑）を作ったこともあるほど、自然で健康的な仕上がりのメイクにチークカラーは欠かせません。

このとき、ニッコリ笑って、頬のいちばん高くなったところを中心にチークカラーを入れると、自然な印象に仕上がります。鏡の自分に笑いかけることにもなり、気持ちが明るくなります。

そのほかにも、美容には自分の機嫌をよくするためのノウハウがたくさんあります。

いつも機嫌よく、ほがらかでいること、またそのように見せることは、大人の

女性のたしなみだと思います。

特に、40代以降の女性には、このことを忘れずにいてほしいのです。

個人差はありますが、女性は40歳前後から女性ホルモンのバランスが乱れやすくなります。最近では「プレ更年期」ともいわれています。

また、45~55歳前後の「更年期」では、これまで体の機能をサポートしてきた女性ホルモンが低下します。

そのため、肌の衰えや体の不調、メンタルの不調などがさまざまな形で現れやすくなります。

その分、ほがらかさや元気さを自家発電する必要があるのです。

「機嫌のいい顔」がご機嫌な現実を作る

私が20歳で美容の仕事を始めて以来、いちばん多く接してきたのは更年期世代の女性たちです。肌の悩みはもちろんですが、この世代特有の悩みも数えきれないくらい耳にしてきました。

この世代の女性たちは、家族やまわりの人をサポートする立場にあることが多いもの。子どもの進路のこと、パートナーの仕事や健康のこと、親の介護のことなどさまざまな課題を抱えがちです。

もちろん、自分自身のキャリアや健康、経済のことなども気になるでしょう。

だからこそ、「ほがらかさの自家発電」が重要なのです。

それは、自分自身を守ることにもなりますし、サポートされている側にとっても必要なことです。

たとえば子どもから見て、「いつも不機嫌なお母さん」と、「いつも機嫌がいいお母さん」、どちらがうれしいでしょうか。

パートナーや、親から見たらどうでしょうか。

さらに、自分自身が鏡を見たとき、どちらがうれしいでしょうか。

人は、美しいモノやコト、明るく元気なモノやコトに惹かれますし、そうではないものからは距離を取りたくなります。

あなたはいま、自分自身に対して、相手に対して、置かれている状況に対して、いろいろな思いがあるかもしれません。

だからといって不機嫌な顔をしていても、物事はなかなか好転しないでしょう。

「不機嫌」も「ご機嫌」もまわりに伝染します。人とのコミュニケーションって、そういうものです。

明るい表情や明るい会話が、心を明るくする。それを実践するのが、美容的な行動です。

難しく考える必要はありません。

まずは、**表情を豊かにして、よく笑い、よく話すことを心がけてください。**

自然と顔の表情筋をよく使うようになりますから、血の巡りがよくなり、肌にもいい影響があります。

もちろん、まわりの人とのコミュニケーションもよくなります。

豊かな表情は、豊かなコミュニケーションを生み、豊かな現実を作る手助けとなるでしょう。

1日5分、手をかける

自分を大事にしない人が、人を大事にできるでしょうか？

自分を粗末にしている人が、世のため人のために役立つことができるでしょうか？

いずれも、答えは「ノー」です。

「でも、自分を大事にするって、何をどうしたらいいの？」

「仕事や家事で忙しくて、自分のための時間なんて取れない……」

そんなふうに思ったあなた、今日から1日5分を自分のために確保してください。

時間は、誰にでも平等に与えられています。

1日24時間のうち、たった5分を、自分が心地よくなるため、自分が美しくなるために使うのです。

赤ちゃんに触れるように、自分に触れる

たとえば、これまで無造作にしていたスキンケアを、丁寧にしてみることから始めてみましょう。

顔を洗うとき。洗顔料をふわふわに泡立てて、きめ細かな感触や香りを五感で味わう。赤ちゃんに触れるような、やさしい手つきで自分の肌に触れ、

「今日もがんばったわね。いま、きれいにしてあげるね」

と、愛情をこめて洗ってあげる。

「大切な誰か」にとびきりやさしくしてあげるように、自分のお肌と向きあってみてください。

こうして肌をいたわると、肌は愛情に応えていいほうへ、いいほうへと変わり

始めます。肌のコンディションがよくなると同時に、心も満たされていきます。

仕事のために、家族のためにと自分のことを犠牲にしてがんばっている人にこそ、ぜひ習慣にしてほしいと思います。

特に、

「私はこんなにがんばっているのに、わかってもらえない」

と心のどこかで感じている人は、今日から自分の肌を大切にしてください。

その理由は、自分を大切にしない人は、人からも大切にされないからです。

人は本能的に、明るいもの、きれいなものに引きつけられます。

きびしい言い方ですが、誰かのために尽くしても、ぼろ雑巾《ぞうきん》のように疲れ果てていたとしたら、人は目を背けたくなるものです。

肌に愛情を注いで、自分を癒す。

その習慣があなたの人生を好転させる第一歩となるのです。

全身を巡らせる

どんな化粧品を使うか。

どんなスキンケアをして、どんなメイクをするか。

いずれも、人を美しくするために大切なことです。

でも、その前に、もっと大切にしてほしいことがあります。

美容の土台となる**肌を美しくしたいのなら、全身を巡らせることに意識を向けてほしいのです。**

私たちのからだは、24時間休むことなく働き続けています。

外部から取り込まれたエネルギーは、呼吸器系や消化器系など、体の中心部で命を保持する部分に優先的に使われます。

皮膚は体の末端ですから、優先順位はいちばん最後。皮膚のすぐ下には毛細血管が張り巡らされていますが、ここまで栄養がしっかり行き届き、老廃物が回収されることが美肌づくりの基本です。

たとえば、食生活が乱れていれば、末端にある肌にシミやシワなどの問題が出てくるのは当然のことです。

まずは栄養をバランスよく摂り、不要なものをため込まずに排泄することを心がけましょう。

からだを動かすチャンスを見逃さない

体の内側の巡りをよくするには、外側を動かすことも大切です。

適度な運動は血液やリンパ液など体液の巡りをよくしますから、肌にももちろんいい影響を与えます。

私は、日常でからだを動かすチャンスを大切にしています。

原宿の私の仕事場は、同じ建物の5階に学校、6階に研究所、7階にサロンがあります。エレベーターをなるべく使わず、階段で行き来をするだけで結構な運動量になります。

それに、エレベーターを待つ時間も短縮できますから、一石二鳥です。

メイクアップの仕事をしたり、学校の授業や講演などをしたりする際は立ちっぱなしのことが多いです。座っているより立っているほうが、もちろん消費カロリーは多くなります。

私の仕事場には、あちこちに鏡があります。そうすると、いやでも自分の姿が目に飛び込んできます。

美に関わる仕事、人から見られる仕事ですから、姿勢や動作も美しく。そんな心構えも、自然とからだを整えることにつながっているように感じます。

背中を丸めていると、あごが前に出て、下腹も前に突き出します。老けて見えますし、肩こりや腰痛、ひざの痛みの原因にもなりかねません。もちろん体型もくずれてしまいます。

美しい姿勢を取るために、私はこんな状態をイメージしています。

「あやつり人形のように、頭のてっぺんに糸がついていて、上から引っ張られている」

すると、肩の力がスーッと抜けます。背筋が伸びて、胸が開き、おなかがキュッと引っ込んで、全身の状態が整います。

姿勢がよいと、血液やリンパ液など体液の巡りもよくなりますし、呼吸もしやすくなります。筋肉や骨も自然と鍛えられ、若々しくいられます。

また、お気に入りの食器類は、あえて手が届きにくい、高いところに置いています。背伸びして食器を出し入れすることで、自然と全身のストレッチになるというわけです。食器を出し入れするときに意識して扱ったり、丁寧に扱ったりすることにもつながっています。

こんなふうに、スポーツクラブに行かなくても、ちょっと意識するだけでからだを動かし、巡りをよくする機会は作れるものです。

美しくなるためには、巡りをよくすること。

あなたにもできることを、始めてみてください。

気持ちいいことを習慣にする

私は「何々しなきゃいけない」という発想が好きではありません。義務感で行動すると、心も体も重くなるような気がするからです。

美容においても、「お手入れしなきゃいけない」という気持ちだと、おっくうになるし、肌に触れる手つきが強くなったりしがちです。

義務感からではなく、気持ちいいからする、楽しいからする。

そんな美容法を習慣にしてほしいと思います。

私がもっともおすすめしたいのは、「蒸しタオルクレンジング」です。

美肌の基本は、汚れをすっきり落とすこと。この方法は気持ちよく肌を蒸して温め、毛穴を開かせて深部の汚れまで落とすことができます。

肌の回復力は20歳頃をピークに低下しますが、蒸しタオルクレンジングはどの世代の肌も回復させる力があるようです。

40代、50代、60代以上の方からも、

「このお手入れを始めてから、肌が若返りました！」

「シミもシワも前より気にならなくなりました」

という感謝の声がたくさん届いています。

男性も蒸しタオルクレンジングであか抜けた肌に

やり方はとても簡単。蒸しタオルは2本使いますが、電子レンジで簡単に用意できます。タオルをぬらして絞り、タオル1本につき1分程度、2本なら2分程度温めるだけです。

かなり熱くなるので、レンジから取り出すときは注意して。肌に乗せるときはタオルを広げて適度に温度を下げてから使います。

蒸しタオルクレンジングの手順

1 アイメイクと口紅は、ポイントメイク・リムーバーで落としておきます。

クレンジングクリームを親指ひと節分くらい手のひらに取り、よくなじませてから、顔の内側から外側にらせんを描くようにのばしていきます。指先だけでのばそうとすると力が入りすぎます。手のひら全体で顔を包み込むようにして、やさしく汚れを落としましょう。

2 汚れが浮いてきたら、ティッシュを三角に折ってひたい、頬、あごの順に顔の半面に軽く当てて油分を吸収します。ティッシュの面を変え、反対側も同様に。

3　1本目の蒸しタオルを広げながら、真ん中をあごに当て、タオルの両側を折り返して顔全体をおおいます。そのまま30秒くらい、肌を温めましょう。熱と蒸気に包まれて、とってもいい気持ち。1日の疲れや緊張がスーッと抜けていくようです。タオルが冷める前に、きれいな部分で肌に残ったクリームを拭き取ります。
さらにもう1本の蒸しタオルで再び顔を蒸らし、汚れを拭き取って完了です。

時間をおかずに、乳液、美容液と化粧水などで肌を整えましょう。


このお手入れは、女性だけでなく、男性にもおすすめです。

男性の場合、理容院などで顔に蒸しタオルを当てる気持ちよさを知っている方も多いので、意外と抵抗なく始められると思います。

毎日続けることで、肌のきめが整い、あか抜けた印象に変わっていきますよ。

蒸しタオルクレンジングは、5分あれば余裕でできてしまいます。そして、とにかく気持ちいい。1日の疲れやストレスがふわーっと飛んでいってしまいます。始める前は「毎日やる時間がとれるかしら」、「タオルの後片づけが大変そう」と言っていた方も、この気持ちよさを体験するとやみつきになってしまいます。

あなたには、それだけの手間と時間をかける価値があることを、どうぞ忘れないでください。

そして、毎日続けることで「いくつになってもお肌つやつや」というかけがえのないプレゼントを受け取ることができるでしょう。

自分を
あきらめない

「ああ、またシワが増えたかも。このシミも、気になるなあ……」

大人の肌の悩みでなんといっても多いのは、シワとシミです。

でも、あきらめないでほしいのです。

肌が細胞レベルで生まれ変わる期間は、約42日といわれています。この新陳代謝は何歳になっても止まることはありません。

気づいたときからお手入れを始めれば、肌は必ず結果を出してくれます。

シニア女性向けの雑誌で、「手のケア」を特集したことがありました。50代後半から70代の読者5人に簡単にできるお手入れの方法をお伝えし、42日間続けてもらったところ、全員に驚くほどの変化がありました。

62歳のKさんは、野菜作りで日焼けした手と腕のシワが気になっていました。お風呂あがりに3分ほどのケアを続けたところ、約2週間で明らかに肌がしっとり潤い、爪の色がきれいなピンクになり、甘皮もきれいに。42日後には手と腕にできたシワが目に見えて薄くなり、気持ちも前向きに変わりました。

76歳のMさんは、長年のテニス焼けでシミがひどく、手を人に見せたくないと思うほどでした。

お手入れを始めたところ、すぐに効果を実感。42日後には薄いシミは消えて、テニス仲間に「白くてきめが細かい手ね」とほめられるほどに。いままで好きになれなかった自分の手を「愛おしい」と思えるようになったといいます。

私がお伝えした手のケアは誰にでもできる簡単なもの。手からひじまでをオイルマッサージし、蒸しタオルで温め、乳液や化粧水で保湿。乾燥を防ぐため、木綿の手袋をはめて眠ります。ひとつ前の項目で紹介した、「蒸しタオルクレンジング」のアレンジともいえる方法です。

きちんと汚れを落とし、血行を促し、潤いと栄養を与え、外部の刺激から肌を守る。こうしたお手入れは、肌の細胞の生まれ変わりをサポートしてくれます。

「洋服から出ているところは、すべて顔と同じようにお手入れをする」

これが、私が長年続けている習慣です。

手は年齢が表れやすい部分ですが、顔にくらべてお手入れが後回しになりがちです。ちょっとお手入れするだけで、変化が実感できますから、あきらめずにケアしてほしいと思います。

メイクしている人のほうが、肌がきれいな理由

「化粧は肌に負担がかかるから」と、ノーメイクでいる人と、メイクを毎日する人。実際に肌がきれいなのは、メイクをしている人のほうが多いものです。

その理由のひとつは、メイクをしている人のほうが、クレンジングや保湿などのお手入れをきちんと行う傾向がある、ということ。

もうひとつ、ファンデーションなどが紫外線から肌を守り、シミを予防してい

るということもあります。

紫外線を浴びると、肌はメラニンを作り出して紫外線が真皮に入り込むのを防ぎます。メラニンは表皮とともに少しずつはがれ落ちますが、紫外線量が多かったり、新陳代謝がうまくいかなかったりすると、皮膚に沈着してシミになってしまうのです。

シミのいちばんの予防法は紫外線から肌を守ること。紫外線カット効果のある下地クリームやファンデーション、日傘や帽子で肌を守りましょう。

できてしまったシミをカバーしたいときは、肌色より一段ダークなファンデーションを選ぶことです。シミを隠したいからと明るい色のファンデーションを選ぶと、肌色に差がつくのでかえってシミが目立ちます。厚塗りの原因にもなるので気をつけましょう。

シミは、心理的な落ち込みからできることもあります。シミのもと、メラニンを作るメラノサイトは、神経に由来しているともいわれます。人間関係のトラブルや仕事の悩みなどのストレスがシミに影響を与えるということは、皮膚科のお医者さんにも知られています。

さらに、「シミが気になる」というストレスが、シミを改善しにくくすることもよくあります。本人が気にするほど、シミもシワもまわりの人は気にしないものです。

先に紹介したように、メイクでシミを目立ちにくくする、スキンケアで肌の新陳代謝を促すことに加えて、「自分で自分をほがらかにする」（29ページ）ことを大切にしていきましょう。

自分の肌を信じる、敬う

「肌が合う」、「肌で感じる」という表現があるように、私たちは肌を通じてまわりの人や環境とコミュニケーションをとっています。メイクアップをするときも、手をよく使います。

私は、全身に化粧を施す「からだ化粧」というアートをライフワークにしています。からだ化粧では特に、手でモデルの全身に触れてていねいに肌を整え、メイクアップを仕上げていきます。

すると、肌を通じてお互いの脳、心が通いあう瞬間があるのです。

からだ化粧では、事前に細かく絵柄を決め込むことはあまりしません。モデルの肌に触れているうちに、「肌に描かされている」とでもいうような不思議な感覚で作品ができあがることがよくあります。

以前出版した、からだ化粧の作品集のタイトルは『触発 inspire』としました。「触れることで、ひらめきが発する」

肌はそうした偉大な力を持っていると感じます。

からだ化粧を経験することで、モデルとなった人もまた、内に秘めていた力が目覚めていくようです。モデルの中には、どんどんプロポーションが美しくなったり、生き方が好転したりした人も数多くいます。

化粧を通じて全身の肌にアプローチすることで、細胞にスイッチが入り、その人の能力が開花していくから、このようなことが起きるのだと思います。

肌には五感を越えた感覚があります

あるとき、「肌には素晴らしい感覚や能力がある」というテーマで、講演をしました。観客の中に生まれつき全盲の女性がいて、私の話に大いに共感し、終演後に次のような話を聴かせてくれました。

彼女は目が見えないため、幼い頃から、心無い人からの暴言や暴力を受けることがありました。反対に、知らない人から親切にされることもたびたびあったといいます。

こうした経験を経て、彼女は自分の前に現れた人がいい人か、悪い人かが直感的にわかるようになりました。ただ、どうやって相手を判断しているかは自分でもわからなかったそうです。

でも、その日の講演を聴いて、

「私はひたいのあたりの皮膚の感覚で、相手がどういう人かをキャッチしていたんだ!」

と腑に落ちたそうです。

「皮膚は脳を薄くのばしたもの」といわれることがあります。

肌には触覚や温度の感覚があるのはもちろん、光や音を感じている可能性もあるそうです。全盲の彼女の話からは、**肌には五感を越えた感覚があるように感じ**

ました。

自分の肌を信じること、敬うこと。

それを形にするのが、本来の美容だと私は思います。

あなたの肌が持つ素晴らしい力を信じて、毎日のスキンケアやメイクアップで肌に愛情を注いであげてください。

肌が美しくなることはもちろん、あなたが持つ潜在的な能力が花開いていくでしょう。

入れることより、出すことを大事にする

美容と健康の基本は、「不要なものを取り除き、必要なものを取り入れる」こと。このとき、**重要なのは「出してから、入れる」という順番です。**

たとえば、電車やエレベーターも、「まず人が降りてから、乗る」。この順番が逆になったら、たちまち混乱が起きますよね。

肌のお手入れでいえば、まず汚れを取り除いてから、潤いをプラスすること。食べ物の消化にしても、しっかり排泄ができていてこそ、栄養が効率よく吸収できてエネルギーを有効活用できます。

実は、この順番を意外に見落としがちなのが、「呼吸」です。

赤ちゃんはこの世に生まれたら「オギャー」と産声をあげ、息を思いきり吐き

出します。しっかり吐けば、あとは自然と必要なだけの空気を吸うことができる。これが呼吸の始まりです。

しっかり吐けば、自然と呼吸が深くなる

もともと、「呼吸」という言葉は、「呼」（呼気＝吐く息）が先、「吸」（吸気＝吸う息）が後ですね。

私が日々実践している呼吸法は、とても簡単です。

呼吸を深くするには、まず、息をしっかり吐くことを意識してください。

まず、息をゆっくり吐きます。少し口をすぼめてフーッと、できるだけ細く長く息を吐き出します。

すっかり吐ききると、スペースができた分、吸おうとしなくても新鮮な空気が肺にたっぷり入ってきます。

そうしたら、またゆっくりと息を吐きます。

この呼吸法を数分行うだけで、体も軽くなりますし、心が落ち着きます。

人前で話すときなど、緊張しやすい場面でこの呼吸法をすると、短時間で落ち着きますし、固くしまったびんのフタなども楽に開けられたりします。

呼吸を通じて「力の抜きどころと、入れどころ」がつかめるようになるのです。

また、**階段や坂道を上るときは、「フッフッフッ」と小分けにして息を吐きます。**すると必要な分の空気が自然と肺に取り込まれるので、苦しくなることがありません。

60代前半の頃、ブータンやペルーのマチュピチュに旅をしました。そのとき4000メートル近い山に登り、ひどい高山病に苦しんだのです。

「フッフッフッ」の呼吸法は、その旅の後に登山家の方に教えてもらいました。

10年後、70代前半で再びブータンを訪れたときに実践したところ、高山病になることなく、元気に過ごすことができました。


呼吸を司る自律神経には、交感神経と副交感神経があります。

息を吸うときには体を緊張させる交感神経が優位になり、吐くときには体をゆるめる副交感神経が優位に働きます。

現代社会は刺激が多く、どうしても交感神経が優位になって心身ともに緊張しやすくなります。

そんなとき、息を吐くことを意識すると副交感神経が優位になりますから、自然と心身がリラックスでき、バランスがとれるというわけです。

とても簡単にできる健康法ですから、ぜひ試してみてください。

「少しの努力」を捨てない

ほがらかで豊かな表情のために、大切にしたいことがあります。

それは、肌の潤いです。

肌が潤っていると、皮膚が動きやすいので豊かな表情ができます。また、潤った状態だと、「皮膚が動いてもシワになりにくい」といえます。

一夜干しの魚を想像してみてください。皮は乾いて、シワっぽく、指を当ててもつっぱってうまく動きません。

これと同様に、肌が乾いているとシワが目立ちやすくなりますし、顔の筋肉も動かしにくくなるのです。

表情を作る顔の筋肉「表情筋」は、「皮筋《ひきん》」といって、骨や筋膜・腱《けん》などから始まり、もう片端は皮膚のすぐ下に点在してくっついています。

そのため、皮膚が乾いてつっぱると、表情筋も動きにくくなり、表情が乏しくなりがちです。

肌が乾いているために、表情が乏しくなり、怒っているように見られたり、不機嫌に見られたりしたら、残念ですよね。

「一夜干しの魚状態」にならないように、せっせと肌に潤いを与えましょう。

いつでも、どこでも乳液で保湿を

私たちの肌は、汗と皮脂から作られた「皮脂膜《ひしまく》」という天然のクリームにより、乾燥から守られています。

でも、現代人の肌はエアコンや強い紫外線の影響で乾きやすいですし、年を重ねるとさらに保湿力が低下します。

大人の女性にとって、保湿は美容の重点課題といえます。

いちばん簡単なのは、乳液で潤いをプラスし、肌を保護することです。乳液って本当に便利です。いつでも使えるように、バッグの中、洗面所、玄関、仕事のデスクと、私はあちこちに乳液を置いています。

旅行や出張に出かけるとき、スキンケアのために何かひとつ持っていくとしたら、私は乳液をおすすめします。

乳液は皮脂膜をモデルに作られていて、水分と油分をバランスよく含んでいます。そのためつけ心地が自然ですし、幅広い用途に使えるのです。乳液は、高価だったり高機能だったりする必要はありません。いまの自分に合ったつけ心地で、惜しみなくたっぷり使えるものを選びましょう。

まず、洗顔後には、すぐ乳液で保湿します。

マッサージもできます。「肌が疲れたな」と感じたら、乳液をたっぷり、普段の3倍くらいの量を手に取り、やさしく肌に伸ばしてマッサージ。指のすべりがいいですし、疲れた肌に油分と水分がいきわたって、お肌がしっとりモチモチに。洗い流す必要もありません。

疲れて帰ってきて、

「顔を洗うのもめんどう」

というときも、乳液の出番です。コットンに乳液を含ませて、やさしく肌を拭き取れば、クレンジングと保湿が一気に完了です。

クレンジングクリームほどの洗浄力はありませんが、軽いメイクや汚れなら乳液クレンジングで十分です。

少しお行儀がよくないですが、移動中の車の中でも、パパっと汚れを落としてさっぱりしっとりできるのもうれしいところです。

ちょっとした空き時間に乳液で保湿する。これはほんの少しの努力で習慣にすることです。でも、乳液を持ち歩くことを面倒がったり、「私の肌をいまさら多少保湿したところで」とあきらめてしまったらそれでおしまい。

少しの努力をする気持ちこそが、あなたを生き生きとさせてくれます。

欲しているものに耳を傾ける

よく取材などで、

「とてもお元気で若々しいですが、食生活ではどんなことに気をつけていますか?」

と尋ねられることがあります。

たしかに、美容において食生活はとても大事です。肌や髪には、全身の状態がダイレクトに現れますから。

ただ、私自身はあまりストイックに栄養のバランスを考えるようなことはしていません。

「好きなものを、好きなだけ食べる」というのが基本です。

自分がいま、何を必要としているか。食欲というのは人間の原始的な欲求ですから、本能的にわかるはずです。

たとえば、「今日は何が食べたいかな?」と自分に問いかけたら、「さっぱりしたものが食べたい」という日と、「こってりしたもの、お肉が食べたい」という日があるはず。

「栄養学ではこうだから」、「体にいいらしいから、あれを食べなくちゃ」と頭で考えるより、体が欲しているものに耳を傾ければ、自然と自分に必要な栄養は取れると思っています。

肌と心が欲しているものをキャッチする

肌のお手入れにも、心のお手入れにも、同じことがいえます。

自分の肌や心に問いかけて、「いま、何が欲しいのか」に応えてあげればいいのです。

たとえば、「ちょっと肌がつっぱっているかも」と感じたら、乾燥しているわけですから潤いを与えてあげる。

「かゆみがある」と感じたら、何か肌に合わないものを使っているのかもしれないから、化粧品を見直してみる。

「いま、刺激を欲している」と自分の心が囁《ささや》いていると感じたら、普段していないことに挑戦するのもいいでしょう。

反対に、「いまはゆっくり休んで力を蓄《たくわ》えたい」と心が訴えているときに、無理なスケジュールを入れるのは得策とはいえません。心に従って、たまにはじっくりからだを休めましょう。

こんなふうに、肌や心が欲しているものを満たしてあげると、あなた自身が「楽でスムーズ」な状態に近づいていけるでしょう。

スムーズ（smooth）とは、物事が滞らず、すらすらと進む様子や、なめらかであることを意味します。

この感覚は世界共通のもの。かつて私がニューヨークのショーでメイクアップしたときのことです。ていねいなベースメイクでなめらかに仕上げた肌に、モデルたちも「スムーズ！」と喜んでいました。

見られている意識を捨てない

「なりたい自分を、顔に描いてしまいなさい」

私はこれまで、何万人もの人にそのように伝えてきました。

人の第一印象は、見た目で6割が決まるといわれています。

「私はこれができます、あれもできます」

と口だけでアピールするより、ヘアメイクやファッションなどでなりたい自分の姿を作ってしまいましょう。そのほうが、より早く、スムーズに望む生き方を引き寄せることができます。

たとえば、転職を考えているとき。私のところでメイクを学んで、見事にキャリアアップした女性は数えきれないほどいます。

私は2019年から、「アマテラス　アカデミア」（ATA）という、未来の女性リーダーを発掘、育成する私塾をスタートさせました。

毎回の講義の前には、希望者に30分のヘアメイクレッスンを行っています。**リーダーにふさわしい魅力と説得力を、外見からアピールする**スキルを身につけるためです。

自分らしさを外見で正しくアピールしましょう

受講生のひとり、30代のAさんは、人事の優秀な専門家。3か国語を流ちょうに話し、多人種を抱える多国籍企業のキャリアウーマンです。

プライベートでは、子どもが3人。仕事と子育てで猛烈に忙しいAさんは、日々へとへとに疲れ、鏡を見るのは顔を洗うときだけ。メイクもおざなりになっていました。

あるとき、彼女をモデルに、私がメイクのデモンストレーションをしました。

疲れてくすんだ肌色を整え、頬にはチークカラーで健康的な血色をプラス。ポイントメイクで、彼女の意志の強さやバイタリティを表現しました。

メイクが仕上がり、はじめて自分の顔を鏡で見たAさんは、

「これが私？」

とでもいうように、頬を上気させ、目を輝かせていました。

これをきっかけに、「自分の見せ方」に目覚めたAさん。

数か月後、誰もが知る大企業からオファーがあり、見事に転職を果たしました。

また、ATAでいちばん若い受講生・Bさんは、「実力はあるのに、まわりからいまひとつ評価されない」という悩みを持っていました。

彼女もまた、外見で自分らしさを表現できるようになったことで、まわりの見る目も少しずつ変わり、メキメキと頭角を現してきました。

こうした例からわかるのは、人は自分が思う以上に、外見で判断されていると

いうことです。

もしあなたが、**実力はあるのに、外見で損をしているとしたら、とてももったいない**ことです。

あなたはどう見られているか、まずそこに意識を向けてみてください。自分ではよくわからない、という場合は、メイクアップアーティストやイメージコンサルタントなど、「外見のプロ」の力を活用すればいいのです。

自分の魅力、能力、才能を外見で上手に表現して、人生を好転させましょう。

唯一無二の自分をクリエイトする

「山口小夜子《やまぐちさよこ》」というファッションモデルをご存知でしょうか。

まっすぐな黒髪のおかっぱヘアに、切れ長な目元、透き通るような肌。

1970～80年代、パリコレクションやニューヨークコレクションに出演し、一世を風靡《ふうび》した彼女。残念ながら2007年に亡くなりましたが、現在もアジア女性の美の象徴として語り継がれています。

彼女の生き方は、一般の女性にとっても大いに参考になると私は思います。

だって、出会った頃の彼女は、ごく普通の女性だったのですから。

彼女を発掘したイベントプロデューサー・本木昭子さんの依頼で、私は小夜子さんの最初のイメージ作りに携わりました。

デビュー前の小夜子さんは、服飾学校を出た後、事務系の仕事をしていました。顔立ちも体型もおとなしめで、モデルとしてスカウトされるようなタイプではありませんでした。

しかし、本木さんは彼女に「特別な何か」を感じたのでしょう。

「この人はどういうふうに売りこめばいいかしら？」

相談を受けた私は、

「何か強い個性を打ち出しましょう」

と提案しました。

「普通の女性」がスターになるには

当時、日本のファッション界は西洋人モデル全盛で、日本人モデルのメイクも、目をパチッと大きく、彫りを深くして西洋的な顔立ちに近づけるのが主流でした。

でも、彼女にそうしたメイクは似合いません。そこで作り出したのが、東洋的でミステリアスな、唯一無二の「小夜子スタイル」です。

印象的な切れ長の目元は、最初の内は耳の上の毛束を三つ編みにして、強く引き上げて作ったものです。まつげはあえてカールせず、まっすぐなままマスカラをつけて、神秘的なまなざしに。

手足もモデルとしては長くありませんが、彼女がすーっと手を伸ばすと、その所作の美しさで実際よりずっと腕が長く、きれいに見えました。

日本のファッション界で彼女の個性を支持したのは、当時新進デザイナーだった三宅一生さん、高田賢三さん、山本寛斎さんの3人くらい。多くの日本人デザイナーは見向きもせず、無下に扱う人もいました。

プロデューサーの本木さんは、

「いまの日本では、小夜子は売れない。だけど、絶対にこういう日本的な女性の美しさが評価される時代が来る」

と信じ、彼女を1年間フランスに行かせました。

努力は天才を作る

西洋人社会に身を置き、自分の見せ方をストイックに研究し続けた小夜子さんの人気は、まずヨーロッパで圧倒的に高まりました。彼女の姿を模した「SAYOKOマネキン」というマネキン人形は、欧米のブティックを席巻したものです。

その評判が伝わり、日本に「逆輸入」された小夜子さんは、たちまち引っ張りだこになり、後に資生堂の専属モデルにもなりました。

当時私が所属していたコーセーは、同業他社。

普通はありえないことですが、

「始末書を取られてもいいから、小林さんにお願いしたい」

という小夜子さんの要望で、その後も彼女のメイクを何度も手がけました。

彼女との仕事で強く印象に残っているのは、メイクアップアーティストとして参加した、ニューヨークでの「ジャパン・ショウ」です。

プロデューサーの鯨岡阿美子《くじらおかあみこ》さんは、ファッション業界の女性リーダーを中心とした、国際的な非営利団体「ザ・ファッショングループ」を日本で立ち上げた女性で、私の恩師です。当時は高度経済成長の末期で、大量生産、大量消費が当たり前、いつまでも成長が続くと多くの人が思っていました。

しかし鯨岡さんは違いました。過去と現在、未来を俯瞰して、**「過去を大事にしながら、よりよい未来のためにいま、何をすべきか」**という戦略をしっかりと持っていたのです。この視点は、21世紀を生きる私たちにも必要ですね。

「ジャパン・ショウ」は「キモノ（着るもの）文化」をテーマに、日本人が古くから培ってきた生活の知恵を結集。野良着《のらぎ》などの労働着や生活着の機能性と美意識を再確認する試みでした。

本番前、メイクをし終えると、小夜子さんは緊張のあまりふるえが止まらなくなっていました。その手をそっと握り、

「はい、いってらっしゃい」

と舞台に送り出すと、会場の空気はシーンと静まり返り、誰もがその美しさと独特の存在感に魅了されました。さっきまでふるえていたのが嘘のように、堂々としたすばらしいパフォーマンスです。

彼女が去るときは、「ウワーッ」という地鳴りのような歓声と、割れんばかりの拍手が起こり、ショーは大成功に終わりました。

自分という素材を客観的に見てクリエイトする、プロデュース能力。自分と厳しく向きあい、パフォーマンスを磨き続ける表現者としての能力。

二つの能力を磨き、並々ならぬ努力を続けた彼女は、まさに「努力の天才」。

自分の人生を、自分でプロデュースする。この意識を持つだけで、夢に近づくエネルギーは何倍にも大きくなることでしょう。

自分を慈しむ気持ちを捨てない

いまから約30年前、化粧品会社から独立して間もなく、一般の方を対象にした「ハッピーメイク講座」をスタートさせました。メイクで「なりたい自分」を表現することで、文字通り人生をハッピーにすることを目的とした講座です。

受講生の多くは、30〜50代の女性たち。

肌のおとろえが気になり始める年代でしたが、正しいスキンケアを身につけ、メイクで自分らしさを表現することで、肌の状態も、印象もどんどん若々しくなっていきました。

修了生のみなさんとの交流はその後も続き、時には食事会などをすることもあります。現在は60〜80代の方が中心ですが、みなさん驚くくらいに若々しく、目を輝かせてよく笑い、よく話し、元気いっぱい。肌もイキイキ、ツヤツヤです。

ハッピーメイクの受講生さんたちが、身を持って証明していることがあります。

それは、**人は、何歳からでも変わることができる**ということ。そのために大切なのは、自分を慈しむ気持ち。そして、繰り返しになりますが、気づいたときから始めることです。

30代、40代はもちろん、50代、60代、70代以上であっても、

「もうトシだから……」

とあきらめる必要はありません。

年齢を重ねることは、強みになる

ハッピーメイク講座では、まずは自分のメイクができることを目指し、さらに上級コースではプロのメイクアップアドバイザーとして活躍できる技術の習得を目指しました。

この講座をきっかけに、専業主婦だったり、美容以外の仕事をしたりしていた方が何人もメイクのプロとして活躍するようになりました。

最初は、

「私にできるかしら……」

と自信がなかった人も、まずメイクで「プロのメイクアップアーティスト」の顔を先に作ってしまう。それと同時に技術も磨いていくと、まわりから認められるのがとても速いのです。

たとえば、20代と40代のメイクアップアーティストが、成人式のヘアメイクを担当したことがありました。

どちらもキャリアは同じくらいでしたが、

「この人にヘアメイクをしてもらいたい！」

と行列ができたのは、40代のスタッフでした。

年齢を重ねている分、

「この人はベテランだから、上手に違いない」

と思われたのですね。

本人はベテランと思われて冷や汗をかいていたようですが、こうして期待に応えることで人は成長していくものです。

また、それまでの人生経験で培った人への思いやりや優しさ、コミュニケーション能力は、どんな仕事についても大きな強みになるはずです。

自分らしい生き方にシフトするのに、年齢は関係ないのです。

むしろ、年齢を重ねていることが、強みとなることも多い。

そのこともまた、ハッピーメイクの受講者さんたちは示してくれています。

この本を手にしたみなさんにも、一人ひとり「なりたい自分」「理想の生き方」がきっとあると思います。

外見の力は、夢に近づくスピードを加速させます。

あなたもまず、メイクやファッションを活用して「なりたい自分」「理想の生き方をしている自分」の姿を、作ってしまえばいいのです。

毎日のお手入れで気づけば肌が変わっているように、毎日のメイクがあなたの生き方をよりよいものに変えてくれます。

第2章

「野心」を捨てない――仕事

結果をイメージして種をまく

いまは「先の見えない時代」といわれています。

環境の変化とともに、人の生き方も働き方も目まぐるしく変化し、多様化しています。いい大学を出ても、大企業に就職しても、安心、安泰ではなくなっています。

そんないまだからこそ、**私たちは自分の未来のビジョン、そして望む未来の社会のビジョンをしっかりと持って行動する必要がある**と思うのです。

「先が見えないから、不安が募る」

のではなく、

「先が見えないからこそ、結果をイメージして種をまくこと」

が大事です。

「先回り」では人は育たない

ワーキングマザーのYさんは、食事の際に4歳の息子が自分で食べようとしてこぼしてしまうのが気になっていました。

「こぼされると片づけに手間と時間がかかる。私が食べさせちゃったほうがラクだわ」

Yさんはそう思い、ごはんを口に運んであげたそうです。

すると、息子さんは食事のたびに「ごはん〜」と口を開けて待ち、自分で食べるのをやめてしまったのだとか。

似たようなことは、仕事の場面でもよくあることではないでしょうか。

たとえば、

「これは本当だったら後輩にやってもらう仕事だけど、私がやっちゃったほうが早いし、ラクだわ」

と、自分でやってしまう。

たしかに、その時点では自分でやったほうが早いかもしれません。でもそれではいつまでも後輩が育ちませんし、自分の負担は大きくなるばかり。後輩のためにも、自分のためにもなりません。

子育てでも、仕事でも、**人を育てようと思ったら「任せること」「見守ること」がとても大事です。**

特に「つい先回り」の習慣がある人は、肝に銘じておきましょう。

「いまより上へ」の欲を持ち続ける

仕事をするとき、私は同じアシスタントを長く使うことはあまりしません。なぜなら、**私が育てたいのは「優秀なアシスタント」ではなく、「一人前のスタッフ」**だからです。

実はこれは、人を育てる上でとても重要なポイントだと思っています。

一人前に育ったら、送り出す。

便利なアシスタントの存在に甘えることなく、またふりだしに戻って、一からアシスタントを育てる。

効率が悪く見えるかもしれませんが、私はずっとそうしてきました。

古い業界や組織では、同じアシスタントや部下を何十年も抱えて、一緒に年を取るというやり方もあるでしょう。でも、そういうやり方だとどうしてもなれあいになり、お互いに進化しにくいものです。

それに、

「人間は平等なのに、一生アシスタントをやらせていいの？」

「その人だって、羽ばたきたいんじゃないの？」

とも思うのです。

後輩を育てれば、自分もスケールアップできる

「自分ひとりで仕事をパーフェクトにやれる」のを目指すのは、20代半ばくらいまででよいのではないでしょうか。

20代後半からは、自分の持っているもの、身につけたものを惜しげもなく伝えて、後輩を育てましょう。

後輩が育つと、その人とチームで仕事ができます。

結果的に**自分自身も、よりスケールの大きな仕事、やりがいのある仕事に取り組むことができる**のです。

「いまより、もっと上へ」

向上心を持つことで、人は成長できるのですから。

経営者の視点で自分を見つめる

会社に雇用される、派遣スタッフとして働く、起業する、フリーランスで働くなど、いまは働き方も多様化しています。

いずれにしても昔のような終身雇用、年功序列という働き方はほぼ消滅しつつありますし、誰もが知っている大企業がある日突然、倒産するということもめずらしくありません。

自由に働き方をシフトできる世の中ともいえますし、働き方をシフトせざるを得ない状況がいつ訪れてもおかしくない時代でもあります。

私は、20代から50代までの約30年を化粧品会社に所属し、その後85歳の現在まで約30年は経営者として会社を運営しています。

化粧品会社時代も、40代半ばにスタートしたメイクアップスクールの運営に関しては社内ベンチャーでしたし、最終的には会社初の女性取締役として経営側の立場にいました。

その経験からいえるのは、どんな働き方をするにしても、欠かせないのは「経営者としての視点」だということなのです。

「どんぶり勘定」であなたの適正収入が割り出せる

たとえば、あなたが経営者だとして、いまの自分の仕事に対してどれくらいのお給料を支払えると思いますか？

「そんなこと、想像もつかない！」

という方も多いかもしれませんね。

私がこれまで採用してきた、「照子式・どんぶり勘定の査定方法」を紹介しましょう。この方法は私だけが言っているわけではなくて、企業経営の基本となる考え方です。

この考え方を知っておくと、自分の身の置きどころ、目指すべきところが数字で具体的にイメージできるのでおすすめです。

わかりやすく説明するために、額面で月収30万円をあなたに支払うとします。そのためには、30万円の4倍、120万円の収入が必要になります。

「それくらい、当然クリアしているわ」

と思うでしょうか。

「え、そんなに稼がなきゃいけないの？」

もしくは、

「仕事で自分がどれだけ稼いでいるかなんて、わからないわ」

と思うでしょうか。

収入が120万円必要、という根拠を説明しましょう。

120万円を4で割り、30万円ずつを月収、ボーナス分、会社の必要経費、会社の利益に充てるという考え方です。全体の半分があなたに支払われる分、半分は会社の取り分ということになります。

つまり、「月収の4倍の収入を得る」ことが単純目標です。

この法則を満たしていれば、会社は順調に経営できます。

それより下回れば、ボーナス分が捻出できなかったり、会社の経費が不足したりという事態に陥ります。

これは私の会社の社員にも客観的な自己評価、自己目標設定のために課していますが、非常に精度の高い方法です。

会社に雇用されている方の中には、「給料は働いた時間分もらえて当然」と思っている方も多いかもしれません。でも、会社に入ってくるお金は、必ずしも労働時間に比例していないはずです。

まずは自分の原価を知ること。そうすることで、月収30万円でいいのか、50万円もらうべきなのか、自分の価値や、自分の要求が適切かどうかがわかるはずです。

もし月収50万円の生活をしたいなら、４倍の２００万円の収入が必要です。月に20日間働くとしたら、１日10万円収入が得られるような働き方をする。または、月に10日働き、１日20万円の収入を得られる働き方を目指すこともできます。

そう考えて仕事を作り、仕事を選ぶという視点が大切です。

このように社員一人ひとりが自分の仕事に対して前向きなコスト意識を持つことで、仕事の効率や意欲が上がり、会社が活性化します。

あなたがフリーランスだとしても、この考え方を取り入れることで、よいペースでお金を回していくことができるでしょう。

どんな働き方をしたとしても通用するこの方法、ぜひ活用してみてください。

才能ではなく実績を磨く

「仕事でも家庭でも、私の意見をとりあってもらえないことが多くて、ムカついています。同じような企画でも、ほかの人が提案すると『それいいね！』と反応されるのに、私はスルーされたりします。『さっき、それ私、同じこと言いました』というようなことがよくあるのです。いったいどうしたらいいのでしょう」

これは、本書の編集担当・35歳のSさんからのリアルなお悩み相談です。

Sさんの印象は、一言で言って「愛されキャラ」。顔立ちやヘアメイク、ファッション、話し方に至るまでかわいらしい雰囲気です。

誰からも愛されるのはいいのですが、プライベートな自分と、社会人としての自分の区別をつけずにプレゼンテーションすると、「ああ、かわいいSちゃんが何か言っているな」と軽く見られてしまうのかもしれません。

だからといって、仕事の場では冷徹なキャラクターに豹変する、というのも無理があると思います。

自分らしさを大切にしながら、いかに社会性を持つかがカギ。じわじわと自分の強みを育てていくのがいいでしょう。

言語より、ビジュアルに訴えかける力をつける

一般的にプレゼンに強いのは、声がはっきりして、しゃべり方が上手な人です。同じように提案しても、スルーされてしまうということは、Sさんにはそのスキルがあまりないということかもしれません。

発声や話し方を磨くのもいいですが、一朝一夕には身につきません。ならば、それとは別のスキルを使ってプレゼン力を高めてみてはどうでしょうか。

たとえば、資料の作り方を工夫してみる。自分の訴えたいことを裏づけるデータを引っ張ってきたり、パワーポイントをうまく使ってビジュアルに訴えかけたり。説得力のある資料を用意する。

声で負けてしまう分、「資料を使ってのプレゼンは、誰にも負けない」というふうに持っていくのも一案だと思います。

「人間の集中力は、言語に対して7秒程度しか続かない」という説を耳にしたことがあります。聴いているようで聴いていない、頭に残っていない。

だから口で言うだけではなくて、ビジュアルで見せて記憶に残すことが大切です。

特に男性はそういう傾向が強いようです。女性のほうが言葉に反応するから、「私、ちゃんと言ったのに」と根に持ったり、傷ついたりする。

「言ったのに覚えてない相手が悪い」と非難するより、「伝え方は合理的だっただろうか？」と考えるようにしたいものです。

いちばんいいのは実績をどーんと作ることです。Sさんの場合だったら、ベストセラーを連発する編集者になれば、誰も文句は言わず、発言が通りやすくなるでしょう。

そのためには、まず企画を練ること。**辛いものを食べた後に水を出せば売れますが、熱いお茶は売れません。**先を読むとはそういうことです。

いま、みんなは何に飢えているの？　いちばん欲しい情報は何？　いつもそこにアンテナを張るのです。

たとえば私、小林照子の企画をプレゼンするとしたら、どういうふうにすると説得力があるか。

20歳で美容の仕事を始め、以来65年間、あらゆる年代の女性に触れてきた。

こんな人間はいないじゃない。

触れているうちにわかってきたのは、30代後半から多くの女性がなんとなく落ち込んだり、愚痴っぽくなったりする。それは女性ホルモンが次第に不安定になり、心身に影響を与えるから。

さらに更年期を迎えると、ガクッと女性ホルモンが減って、心身のバランスを崩しやすくなる。そこから浮上していくには、美容が大いに役立つということ。

医療はマイナスをゼロにすることはできるけれど、美容はさらにプラスの状態に持っていける。その方法を小林照子だったら伝授できるということ。

そういう情報をうまくプレゼンテーションするのです。

そして社内の関係部署、取次、書店、みんなを巻き込んでいくのです。本が売れた実績を作るには、作りっぱなしじゃダメ。いろいろな人と対話して、説得して、共感を得て、巻き込んで、協力してもらうことです。

こういうことは才能云々ではなくて、状況を俯瞰する力と、努力です。

「あの部署の人とはあんまり話したくないわ」

ということもあるかもしれないけれど、苦手な人、遠くにいる人まで巻き込むことで、流れはできていくものなのです。

Sさんの行動に、この本の命運もかかっています。目の前にいる人、同部署の人だけを説得しようとするのではなく、一段高いところから状況を眺めて、多くの人を味方につけていってください。

タイミングよくほめることで人は育つ

「やってみせ、言って聞かせて、させてみて、ほめてやらねば、人は動かじ」

ご存知の方も多いことでしょうが、明治、大正、昭和を生きた海軍大将・山本《やまもと》五十六《いそろく》の名言です。これはビジネスの現場はもちろん、学校教育や家庭での子育てにおいても通用する、人材育成のコツではないでしょうか。

人は「ああしなさい、こうしなさい」と口で言うだけではなかなか育ちません。

大切なのは、「実際にやってみせる」ことです。

私はいま、東京と京都で美容を教育の柱にした高等学校と、トータルビューティーのプロを育てる専門の学校の学園長を務めています。

学生たちは、けっこうシビアに先生を見ています。昔と違って「先生は敬うべきもの」という感覚はほとんどありません。

もし理論だけ伝えて、美容の技術が伴わなければ、たちまち批判的になって、「なんだ、あの先生、口ばっかりで自分はできないじゃない」と反発するでしょう。

ですから、メイクやスキンケアなどを教えるときには、先生がデモンストレーションをしっかり行い、「やってみせる」ことを大切にしています。

現場の緊張感が人を成長させる

「やってみせ」、「させてみる」こと、それとセットで、できたことを「ほめる」ということもとても大切です。

美容というジャンルは感覚や感性、思いやりが特に求められます。言葉だけでは伝えきれない部分も多くありますから、新人にはどんどん現場を踏ませます。

先日も、若いスタッフをメイクのアシスタントとして同行させました。現場に同行させるのは3回目でしたが、1回目よりぐんと成長したのでとてもやりやすかったですね。

私はお客様との世界にいますから、アシスタントには何も言わず、目配せするくらい。優秀なアシスタントは、次のプロセスを予測して、道具もいくつか用意しています。私が手を伸ばせば、阿吽《あうん》の呼吸で必要な道具を渡してきます。

私はお客様にマスカラをつける前に、マスカラ液が多すぎないようにブラシをさっとぬぐいます。先日のアシスタントは1回目、2回目に私がやっていたのを見て覚えて、3回目はちょうどいい具合にブラシを拭いて渡してくれました。

現場の緊張感は、何より人を成長させます。

こういうことができるようになるのは、

「この人は何を求めているのだろう？」

ということと、

「自分だったら、どうやるだろう？」

ということ、両方をイメージして動いているからなのですね。

的確にできたときは「あの拭き加減、よかったわ」とシンプルにほめます。

もちろん、時には叱ることもありますが、タイミングを逃さずほめる。きちんと評価することが大切です。


これを繰り返すだけで、気が利かない人でも気が利くように育っていきます。

「難しいけれど、重要な仕事」に集中できる時間を使う

「日々忙しさに追われて、やろうとしていたことが予定通りに進みません」

時折、こんな相談を受けることがあります。

そんなときに必要なのは、仕事の優先順位の見直しです。


私は、**忙しいのは自分の運命**だと思っています。

10代後半は、養父母と疎開していた山形で、働きながら学び、農作業の手伝いをして家族を食べさせていました。わずかな自由時間には青年グループで演劇の公演をし、その中でキャラクター作りのおもしろさを知り「演劇のメイクアップアーティストになりたい」という夢が生まれました。

20代で美容の仕事を始めてからは、文字通り寝る間も惜しんで仕事をし、人を育てることを続けてきました。その間、子育てや家族の介護もしましたし、旅をしたり、学んだり、友人とのつきあいも楽しんできました。

こんなふうに、物心ついて以来、ずっとずっと忙しい日々を過ごしてきました。その忙しさ加減は、80代のいまも変わりません。

ここまで来ると「忙しさのベテラン」です。

おかげさまで、仕事の優先順位のつけ方にも、ずいぶん磨きがかかってきました。

「細かい仕事」に追い立てられていませんか?

仕事には、「パパっと片づけられる、細かい仕事」と、「腰を据えて取り組む必要がある、重要な仕事」があります。

あなたは、どちらから先に手をつけますか?

女性に比較的多いのは「細かいことを片づけてから、重要な仕事をする」というタイプではないかと思います。もちろん、その順番で仕事がはかどっていればそれで問題ありません。

でも、「細かい仕事」って次から次へわいてきたりしませんか？　それをこなしているうちに、重要な仕事に取り組む時間がなくなってしまう……。

もしあなたがそんな悪循環に陥っているとしたら、思い切って優先順位を見直してみることです。

私のやり方は、**「重要で難しい仕事」から片づける**というもの。

難しい仕事、重要な仕事、自分にしかできない仕事を最優先して、自分がいちばん集中できる時間にやります。子育て中は、その時間がとれるのは、みんなが寝静まった頃……ということもよくありました。

時間が圧倒的にないときは、細かいことには目をつぶります。

だいたい、「ああ、あれやらなきゃ……」と胸に重くのしかかるような仕事は、重要な仕事です。それを後回しにしていると、ほかの仕事をしているときもいつもプレッシャーになり、焦りや不安、イライラが大きく膨らんでしまいます。

イライラしながらでも、若いうちは体力がありますから、なんとかやりすごせるものです。

でも更年期、老年期と年を重ねると、だんだん無理がきかなくなる。体にも心にもダメージが蓄積されて、眉間のシワが深く刻まれてしまうかもしれません。

重要な仕事から片づけると、精神的にすごく楽になりますから、ぜひ試してみてください。

後輩たちから、あなたはどう見られていますか？

仕事にも慣れ、中堅どころになると、今度は人を育てることも仕事のひとつになります。そこでよく耳にするのが、次のような悩みです。

「後輩がなかなか育ちません。常識やマナーも身についておらず、口をすっぱくして注意するのですが、なかなか聞き入れてもらえなくて……」

この本を読んでいるあなたも、「その通り。いまどきの若者は、まったく……」と、ため息をついているかもしれませんね。

人を育てるって、たしかに難しい。

でも、人を育てるって、とてもやりがいがあるし、夢があります。

私は化粧品会社にいた時代から教育に携わることが多くありました。美容のプロを育てる学校を立ち上げたのは、1983年。以来40年近く美容のプロ育成に携わり、いまでは日本国内はもちろん、世界中で卒業生が活躍しています。頼もしく成長した教え子たちの活躍を目にしたり、共に仕事をしたりする機会を得られるのは、本当に誇らしく、うれしいことです。

口で言うより、背中を見せる

言葉で「ああしなさい、こうしなさい」と言うだけでは、なかなか人は育ちません。それよりも、**自分の在り方を整え、実践している姿を見せる**ことで、人は自然と育っていくのです。

化粧品会社に入社してまもない頃。教育部門に「おねま」（お姉さま、を略したニックネーム）と呼ばれる先輩社員がいました。彼女の指導は、愛あればこそなのでしょうが、とにかく口うるさく、後輩たちからは煙たがられていました。

でも、おねまは口であれこれ言うだけの人ではありませんでした。

所作がとても美しかったのです。

たとえば、和室での襖《ふすま》の開《あ》け閉《た》て。おねまは凛とした姿勢で正座し、引手に片手をかけてわずかに襖を開き、その手を襖の枠の部分にスッとずらして体の正面あたりまでスーッと開き、さらに手を持ち替えて、反対の手で体が通れるくらいまでスーッと開きます。

一連の「スッ、スーッ、スーッ」という所作が実になめらかで品があります。

「こんなふうに所作の美しい大人になりたい！」

美容に携わる者として、また、ひとりの女性としてもそのように思い、私は彼女から所作の美しさを学びました。

「人は、言うようにはならないけれど、するようにはなる」といわれることがあります。

後輩たちの目に、あなたはどのように映っているでしょうか。

もしあなたが後輩を立派に育てたいと思うのなら、口であれこれ言うよりも、まず自分を整えること。

あなたの背中を見て「私もこうなりたい」と尊敬される存在になることが必要なのかもしれません。

人を育てるプロセスは、自分を育てるプロセスでもあるのです。

「大きなヒヨコ」は卒業。「立派なめんどり」になりなさい

国や文化に関わらず、**「女の子は7歳くらいまでに、男性に甘えるワザを身につける」**という話を聞いたことがあります。

小さい女の子がパパに甘えて、わがままを聞き入れてもらう、あの感じです。

パパのほうも、「もう、しょうがないなあ」と言いながらも、娘に甘えられるのがなんだかうれしそう……。

この成功体験は意外に根深いようで、すっかり大人になっても、そしてビジネスの場でも武器として使い続けている女性がけっこう見受けられます。

美容の世界は女性が圧倒的に多いということもあり、昭和、平成、令和のいまに至るまで、こういうパターンを嫌というほど見てきました。

容姿に恵まれている女性ほど、要注意

ただし、この戦略は年齢とともに通用しなくなってくるものです。

デビューして数年が経過した、あるモデルと仕事をしたときのこと。

若くてピチピチした後輩モデルが続々と現れ、後ろから追いかけてくる状況に対して、彼女は苦々しそうな口ぶりで、こう言いました。

「若い子って、後からあとから虫のようにわいてくるわね！」

そうなのです。

若くてかわいくて、甘え上手な女性は、後からあとから現れます。

20代はまだ大丈夫かもしれません。

30代に入っても、人によっては「まだいける」かもしれません。

でも、30代後半ともなると、だんだん状況はきびしくなってきます。

特に、もともと容姿に恵まれている女性はこのパターンにはまりがちなの

で、注意が必要です。

自分よりも若い女性がちやほやされているのに気づいて、ムカッとしたり、イラっとしたり……。

思い当たる節がある人は、なるべく早めに次の戦略を立てましょう。

では、どのように路線変更をするのか？

充分に大人なのに、何かというと甘え声……というのは、いわば卵からかえったヒヨコが、ヒヨコの姿のままで巨大化したようなもの。ジャイアントヒヨコちゃんです。その姿を想像すると、ちょっと笑えてきませんか？

いつまでもヒヨコのふりではなく、立派な「めんどり」になりましょう。

めんどりの役割は、ヒナを立派に成長させること。

つまり、後輩を育てるということです。もちろん、自分の専門はしっかり磨きながら、人を育てていくのです。

難しく考えることはありません。

「一緒にやりましょう」と、後輩が仕事を覚えるチャンス、力を発揮できるチャンスを少しずつ作っていけばいいのです。

また、

「ついひとりで仕事を抱え込んで、オーバーワークになってしまう」

「手伝って、とまわりに助けを求めることがなかなかできない」

そんな傾向がある人は、心のどこかに
「後輩が育って、自分を追い抜いてしまったらどうしよう……」

という不安を抱えているのかもしれません。

「この人、実力はあるはずなのに、いまひとつ伸びない。もったいないなあ」

という人に、よく見られるパターンです。

そんな小物臭ただよう考えは、いますぐ捨ててしまいましょう。

世界は広いのです。職場の中で競争するのではなく、育てた後輩と一緒に手を組んで、世界を相手に競争する。

そんなふうに考えたら、元気と勇気がわいてくるはず。

さあ、一歩を踏み出しましょう！

時間は万人に平等。でも、生きる密度は変えられます

若い頃、化粧品会社の同僚・Aさんと一緒に出張に出かけたことがありました。

仕事を終え、一緒にお風呂に入っていたときのこと。

「テコちゃん（当時の私のニックネーム）、両手がバラバラに動いて、別々のことをしているわ！　どうしたらそんな器用なことができるの？」

びっくりしたように、Aさんに言われました。

彼女がのんびり湯船につかっている間に、私は片手で髪を洗いながら反対の手で歯を磨き、あっという間にお風呂場から出ようとしていた、というのです。

Aさんの言葉に、私自身もハッとしました。

「そうか、Aさんには、髪だけ洗ったり、歯だけ磨いたりする時間があるんだな

……」

当時、Aさんは独身で、お姫様のようにおっとりしたタイプ。一方、私は子育て真っ最中でした。

独身のAさんには、ゆっくりお風呂に入る時間があるのでしょう。

一方、仕事と子育てであわただしい日々を送る私は、自分のために使う時間は少ししかありません。二つ三つのことを同時にこなすのは当たり前。いつのまにか、なんでもスピーディにこなしている自分に気がついたのです。

「手抜き」と「時短」は違います

時間の余裕がない中で、いかに効率よく物事を進めるか。子育て期間中は、「時短力」を高めるための絶好のチャンスです。

これは、「手抜き」とは違うのです。おもしろいことに、**日々「時短化」にチャレンジするうちに、仕事の精度もアップします。**

私もまだ独身でおっとりと暮らしていた頃は、

「お客様、メイクを仕上げるのに1時間かかります」

と平気な顔をして言っていました。

でもいまは、同じかそれ以上の精度で、15分あればメイクを仕上げることができます。経験を積み重ねるうちに、手が速くなっていくのですね。

手順を考えたり、同時にできることを増やしたりすることで、時間の密度を濃くしていく。そうすることで精度を上げながら時間短縮できるものです。

いまや「なんでもスピーディに」、というのはすっかり身についていて、自分でもちょっとあきれることがあります。

先日も髪をセットしてもらいながら、大好きなどら焼きを飲み込むように食べている自分に気づきました。

「ああ、私こんなに急いで食べなくてもよかったのに！　ゆっくり味わえばよかった」

と後悔しました（笑）。

実は、アツアツのドリアやラザニアだって、5分もあれば食べられます。

とはいえ、友人や家族と食事を楽しむときは、会話をしながらゆったりとお料理を味わっていますので、ご心配なく。

私の「終活」は150人の女性リーダーを育てること

私は、いわゆる「終活」というものにはあまり興味関心はありません。

でも、自分が元気なうちに、どうしてもやっておきたかったことがあります。

それは、**輝かしい未来を築く、女性リーダーのネットワークを作る**こと。

いま、自分の最後の仕事のひとつとして取り組んでいる「アマテラス　アカデミア」（ATA）は、そのためのプロジェクトです。

ATAは、未来の女性リーダーになる人材を発掘、少数精鋭で育成する私塾で、2019年4月に開講しました。

「アマテラス」は、日本を照らす太陽神として象徴的な女神「天照大神《あまてらすおおみかみ》」からのインスピレーションです。

また、明治時代の思想家、平塚らいてうは「原始、女性は実に太陽だった」と語りました。男性という太陽に照らされて輝く、月のような生き方からの女性解放を目指して、活動を行ったのです。

太古の昔には自力で輝く存在であった私たち女性が、再び輝いて日本を照らす存在になる。ＡＴＡはそのために必要なことを真剣に考え、実行していく集団です。

時代に即した、直感的でバランス感覚のすぐれたグローバルな人材を、２０３０年までに１５０人育成するのが目標です。

私が美容とビジネスの中で培ってきた経験、超一流のブレーンを総動員して、全力でサポートしています。無償で行っていて、受講生の条件は、20～30代の女性であるということ。また、一業種は同期にひとりだけ、というルールで選んでいます。

具体的なテーマは、

「自分の天命や使命を知り、その自覚を持つ」

「コミュニケーション能力を身につける」「説得力を持ち、言葉での表現力（アピール）を身につける」ことなどがあげられます。

講義の中でつねに意識しているのは、「5年後、10年後の自分の姿」をイメージしてもらうことです。

将来の自分の姿をイメージして、いま必要なことは何かを考え、実践する。この習慣を持つことで、日々の過ごし方はまったく変わってきます。

自分に付加価値をつけて職場に貢献する

ATA一期生、アパレル業界で働くNさんのエピソードを紹介しましょう。

Nさんは自分の職場が大好きでしたが、アルバイトスタッフの離職率が高いのが悩みでした。

「この人は、この仕事に向いているな」

そう思っても、モチベーションが保てずやめてしまう……。それがとても残念だったそうです。会社としても、人材の確保は重要な課題です。

なんとかできないか、と考えた彼女は、育児休業中に一念発起してキャリアカウンセラーの資格取得を目指しました。

職場復帰したときに、スキルアップして職場に貢献したいという思いを強く持っての行動です。

Nさんの行動は、とても頼もしく、そして賢いと思いました。

いまは育休の制度も充実してきました。しかし、1年、2年と休むうちに、同期や部下はどんどん成長します。職場復帰したときにはすっかり追い越されて、冷遇されるということも現実にあります。

また、職場復帰しても、子どもが小さいうちは出産前のようにバリバリ働けないかもしれません。そうした状況を見越して、自分に付加価値をつけて職場復帰するというのは賢いやり方です。

もちろん、育休中は子どもの世話に専念してもいいのです。そのための育休なのですから。

ただ、「職場復帰したときにどういう状況が待っているか」、「自分はどういう働き方をして、どのように職場に貢献したいのか」をイメージして行動することは、とても大切です。

また、ATAでは**「女性同士の連帯力を身につける」**ことも重要なテーマとしています。

第一期に選ばれた17人のメンバーは、ファッション、サービス業、ビューティー、金融、経済、基幹産業など幅広い分野の若きスペシャリスト。各分野からの参加はあえて1名に限りました。

私は、働く女性の強みは「現場力」があることだと思っています。

たとえば化粧品会社の場合、販売の現場に立つのは、女性がほとんどです。実際に製品が欲しいお客様と接点を持つ。肌感覚でお客様のニーズを知る経験、また現場で働く人のマインドを知ることは、やがてリーダーとなったときに大いに役立つでしょう。

また、組織に属していなくても、出産や育児、主婦として家庭を支える経験、介護などの経験は「現場力」として生かせます。こうした経験を生かしてビジネスを始めたり、社会貢献を始めたりする人ももっともっと増えてほしいと願います。

各分野の現場を知る女性たちがともにリーダーとして育ち、連帯する。これを積み重ねることで、10年後、20年後には産業界全体、国全体を動かしていく力が生まれます。彼女たちのリードで、すばらしい世界が実現することを思うと、いまからワクワクがおさえられません。

第3章

「好奇心」を捨てない —— 生き方

立ち止まるのは、後退するのと同じ。
新しいツールもおそれず使って

インスタグラム、フェイスブック、ツイッター……。

私はＳＮＳが大好きです。

日々の出来事をスマートフォンで撮影した写真とともにアップしたり、仕事関係の方や、友人知人、世界中で活躍する教え子たちとメッセージを交わしたり。公私を問わず活用し、大いに楽しんでいます。

数年前まで、何十年という長きにわたって分厚いスケジュール帳を持ち歩いていましたが、いまはスケジュール管理もスマホのアプリです。手帳は主に日記をつけるためのものになっていて、持ち歩かず、書斎のデスクに置いています。

おかげで普段づかいのバッグが一気に軽くなりました。スタッフや家族とも、いつでも、どこでも瞬時に予定が共有できる。とっても便利で快適です。

そんな私の様子が、シニア世代はもちろん、若い人からも驚かれることがあります。「便利なのはわかっているけれど、新しいものは苦手なんです……」と、20代、30代なのに尻込みする人もいるようですね。

でもね、世の中はどんどん変化し、前に進んでいます。みんなが前に進んでいるのに、自分だけ足踏みしていたら、置いてけぼりです。

つまり、**立ち止まるのは、後退するのと同じ**ことなのです。

好奇心に、年齢は関係ありません

後退するか、前に進めるか。

その差は、好奇心を持つか、持たないかだけ。年齢はあまり関係ないと思います。

だから、好奇心は持ち続けたほうがいい。

私が仕事をしている美容の世界は、流行を生み出すことも大きなテーマのひとつです。だから、一緒に仕事をしてきたクリエイターたちは、もれなく好奇心旺盛。新しいモノやコトが大好きでした。

同世代では亡くなった方も多いですが、彼らが生きていたら……。

私と同様、嬉々として新しいツールを使いこなしていたのではないかと思います。もしかしたら、空の上で「いいなあ、おもしろそうだなあ」とこちらの様子をチェックしているかもしれません（笑）。

携帯電話が日本で普及し始めたのは、1990年代のこと。出始めの頃は「携帯なんて……」と抵抗もあったでしょうが、いまはみんなスマホを持っている。その恩恵が、たとえば「遠く離れた家族の様子も、瞬時にわかる」という安心につながっています。

また、年配の新聞記者が「いまの若い人は取材に行かない」と怒っているという話を聞いたことがあります。もちろん、現場に足を運んで取材するのは大切なことでしょう。

でも、若い人たちはＩＴを駆使して世界の情報を瞬時に取り、その上で行く場所を選別しているかもしれない。

ただ体を動かせばいいのではなく、時代が変われば、現場への行き方もより合理的に変わっていきますよね。

新しいもの、便利なものの恩恵は大いに受ける。

その上で仕事のやり方だったり、人とのつながり方だったりを変えていく……。

新しい技術を駆使して、自分の生活をより豊かにしていく。そういう知恵や技術が、これからはさらに必要になると思います。

ところで、新しいものにアレルギーがある人は「私に使いこなせるかしら?」と不安に思っていることが多いようです。

もしかしたら、あなたもそう思っていませんか?

大丈夫。はじめは戸惑うことがあるかもしれませんが、スマホもＳＮＳも、触れているうちにすぐ、使いこなせるようになります。いまは、説明書がなくても直感的に使えるように、テクノロジーが進化しているのですから。

やってみて「やーめた」はいつでもできる。

でも、**いつまでもやらないのは、ダメ**です。本当にもったいないなと思います。

そして、わからないことがあったら、年下の人に教えてもらうのも手です。自分の子どもとか、若い友人とか、そういう人が先生になってくれるかもしれません。

私もスマホやＳＮＳでわからないことがあったら、「これはどうやったらいいのかしら？」と、高校生に聞いたりしますよ。彼らのほうが使いこなしていますから、喜んで教えてくれます。

そういうコミュニケーションが生まれるのも、楽しいことのひとつです。

与えられたことは受け入れる

「子育てがようやく終わったかと思えば、親の介護が始まる」というように、人生にはいくつもの試練があります。

この「試練」、という言葉には、「信仰・決心の固さや実力などを厳しく試す」という意味があるそうです。

人生において何か困ったこと、難しいことが起きたときは、「あなたの実力はどれくらい？」と試されている、ということなのかもしれません。

私の人生にも、公私ともにいろいろな試練がありました。

幼い頃に両親が離婚し、まず母に、そして父にと引き取られましたが、父はほどなく体調をくずして他界。その後、父の再婚相手の兄夫婦のところへ、養女に出されました。

5人の親を持つ複雑な家庭環境が、私の人生の始まりでした。

終戦後、疎開していた山形で養母は寝たきりとなり、家は貧しく、私は進学をあきらめて働き、一家を支えました。

紆余曲折の末、「メイクアップアーティストになりたい」という夢を抱いて、19歳のときに東京の美容学校に入学し、その後23歳で、化粧品会社に就職。とにかく仕事が楽しくて、寝る間も惜しんで夢中で美容の道を歩んできました。


その過程でも、試練がなかったわけではありません。

特に20代の後半は、試練の連続でした。

私を東京に送り出し、山形に残った養父は次第に体調をくずして、ひとりでは暮らせなくなりました。

私は「働いて一生自分を食べさせる、親を食べさせる」と決めていましたから、父を東京に引き取りました。

年老いて衰えた親がいる、こぶつきの身です。好きな人と恋愛して結婚するとか、お見合いで良家に嫁ぐことを夢見たりはしませんでした。

27歳で遠縁の親戚と結婚し、「養父と一緒に暮らせるように」と夫婦で借金をして、郊外に一軒家を買いました。

娘のひろ美が生まれ、1歳になった頃です。

養父の体調はいよいよ悪くなり、入院させることになりました。

そのとき、主治医の若いお医者さんは、横たわる養父のすぐそばで、信じられないことを言ったのです。

「ああ、この人はもうダメですね」

主治医が去った後、父はスーッと涙を流しました。

私は主治医を追いかけ、胸元をつかむほどの勢いで訴えました。

「父はまだ意識があるんです、なのに本人の前で、なんで余命がないなんて言うんですか！　もう一回、父のところに来て言い直してください。入院していれば助かります、と言ってください！」

私の剣幕に気おされ、若い医師はうろたえましたが、父のベッドに戻り、「この病気は、何か月か入院して手当てをすればよくなります」と言ってくれました。私は父に言いました。

「お父さん、よかったね。助かるって！」


ある日、ベッドに横たわる父に、幼いひろ美を抱き上げて見せたときのこと。ひろ美はまだ言葉もしゃべれず、無邪気に父におおいかぶさったりしています。

「ひろ美、おじいちゃんはね、ずーっとひろ美を守っているからね」

父はひろ美に、そう声をかけました。

30歳のとき、私の海外出張のために空港に向かう車が事故にあいました。見送りのため同乗していた家族が重傷を負い、夫と妹は一時「助からないかもしれない」と言われました。

幸い、まだ幼かった娘のひろ美は無傷でした。あのときの言葉どおり、父が守ってくれたのかもしれません。

私は全治3週間の怪我をしながら家族の看病に奔走しました。

それからしばらくして、父はあの世に旅立ちました。父はいまも、ひろ美を、そして私たちを守ってくれているように感じます。

思い返せば、本当につらい状況もありましたが、

「いまこんなことが起きているのは、この試練を乗り越えるパワーが自分にあるからだ」

と自分に言い聞かせ、乗り越えてきました。

まず、腹をくくってしまうのです。

もちろん、自分ひとりで乗り越えようとしなくても、人の手もどんどん借りていいのです。「助けを求める」というのも、実力のうちなのですから。

「試練」をワクワクに変えて楽しむ

学校では、1年生、2年生と成長するに連れて学ぶ内容は高度になります。人生の課題も同じです。**日々生まれる課題は、「いま、ここから何かを学びなさい」というメッセージ。**いま与えられている状況を受け入れ、処理していくことで「生きる実力」がつき、成長することができるのです。

私は美容に特化した高校を京都と東京で、そして美容のプロを育てる専門の学校を東京で運営しています。

高校では、まず「自分が美しくなる」ことが大きなテーマ。スキンケアで肌をいたわり、メイクアップやヘアアレンジ、ネイルなどで思いっきり自己表現を楽しむ。**こうして自己愛を十分に満たすことは、人を愛する訓練です。**

ここが十分にできていると、高校卒業後、「美容のプロとして、人に愛情を注ぐ」という専門の教育にスムーズに進むことができます。

思春期の若者は、ホルモンの変化に伴い、心も体も揺れています。私の高校にも、過去に普通科の高校になじめなかったり、不登校の経験があったりする生徒がいます。彼らは保護者の方たちのサポートを受け、その試練をきっかけに「より自分らしさを生かせる教育」を求めて私たちの学校と出合ったのだと思います。

そして現在は、美容のプロを目指したり、大学などへの進学を目指したり、というように、未来の夢に向かって日々生き生きと学んでいます。

このように、**「試練があったから、新しい生き方や夢に出会えた」**というのは人生で往々にして起きることです。

学校では1年生で与えられた課題をクリアしていないと、2年生、3年生になったときに勉強についていけません。その場合はもう一度、1年生の課題を学びなおす必要があります。

人生に起きることもおそらく同じ。課題から目を背けても、次に進むためにはいつかまた「補講」や「追試」のように学びなおしが必要になってきます。

たとえば、子どもの行動に問題が起きたとき。ただ甘やかしたり、厳しくしすぎたり、無関心でいたらどうなるでしょう。

そのときはやりすごせても、いつかまた同じような問題が、おそらくはもっと大きな形で現れるでしょう。

ならば、与えられた試練から逃げず、受け入れて乗り越える。

試練がやってきたら「次は何を学べということかな？」とワクワクに変えて楽しんでみませんか。

コラム

介護の場で「至れり尽くせり」より大事なことは

高齢化が進むにつれて、介護のあり方も変わるときが来ているように感じます。

介護といえば、それにまつわる忘れられないエピソードがあります。

大臣経験者で90歳近い男性にお会いしたときのこと。

「私たちのやり方が間違っていたのです」

つきっきりで世話をしていた奥さんと娘さんがそう言いました。

聞けば、その男性が「ああ」と一言いうだけですべて察し、身のまわりの世話をしてあげていたのだそうです。

「自分たちは完璧な介護をしていると思っていたのに、そのおかげですっかり認知症が進んでしまったのです」

奥さんはさみしそうに言いました。

その人の「名場面」を奪ってはいけない

タワーマンションの豪華な部屋で車いすに座るその男性には、私たちの話は理解できていないようでした。

すると奥さんが色紙を10枚ほど持ってきて、

「これにサインしてください、と言ってもらえますか？」

と、私と同行したカメラマンに言うのです。

言われたとおり、

「大臣、サインお願いできますか？」

私が色紙を差し出すと、男性は、

「おっ」

と言い、急にシャキッとして、とても立派な字で名前を書いてくれました。

次にカメラマンがサインを頼み、またその次に私、と交互にお願いしたところ、たちまち10枚ほどの色紙すべてに名前を書いてくれたのです。

私とカメラマンは、急にスイッチが入ったかのように生き生きとサインをした男性の姿に驚かされました。

同じようなことは、老人向けのデイケアセンターに美容のボランティアに行ったときにも体験しました。

私たちは、認知症で会話もできないある男性に、顔と手のマッサージとスキンケアを行いました。すっかり顔色がよくなり、つややかになったその男性の顔を見て、歌舞伎役者のよう、と私は思いました。

「玉三郎さんみたいですね」

と声をかけたところ、突然その男性は朗々とした声で歌い始めたのです。

その声を聞きつけて、奥さんとお孫さんが階下から駆け上がってきました。

「おじいちゃんが歌ってる!」

二人はとても驚き、その声に聞き入っていました。お孫さんははじめてその方の声を聴いたのだそうです。

実はその男性は能の謡い手で、人間国宝にまでなった方でした。もう何年も声を発していませんでしたが、お顔の手入れが舞台化粧の思い出につながり、「玉三郎」の一言で謡の現役だった頃の記憶がよみがえったのかもしれません。

介護が必要な状態になると、

「他人にはこんな姿を見せられない」

と、家族が人に会わせたがらないことがあります。

華やかに活躍した人ほど、そうして社会から隔絶されてしまうことが多いようです。

しかし、自分の能力や魅力を発揮して、他者に貢献すること。

それは人間の大きな喜びであり、生きる原動力です。

「ただ静かに寝かせておけばいい」ということではなく、その人の力を引き出すような関わり方が求められている。

私もいつか、介護が必要になり、施設で暮らすことがあるかもしれません。そんなふうに私は思います。

実はそのときのために、最近あることを始めました。

私は若い頃に美容師の資格を取得しましたが、その後何十年もの間、仕事として人の髪をカットすることはありませんでした。

もし施設に入ったら、まわりの人の髪をカットしたり、おしゃれにセットしたり、かわいらしく編み込みをしてあげたい、と思ったのです。

そのことを考えると、とてもワクワクします。

ずっと持っていたハサミやバリカンの手入れをして、現役の美容師さんに教えてもらいながら、練習を始めています。

命が続く限り、自分の力を生かして人に貢献したい。

それが私の望みなのです。

出会う人は「すべて教師」

私たちは、不思議の中を生きている。


そう思うことが、よくあります。

自分の人生を振り返っても、いいことも、悪いこともすべては偶然ではなく、必然だったと感じます。

特に、人との出会いはそうです。

演劇や映画の登場人物が、主要人物からエキストラまですべて必然であるように、人生で出会う人もまた、すべて必然なのです。

人生の始まり、私の家庭環境は複雑でした。

親の離婚や急逝などで、２人の父、３人の母に育てられました。親たちは全員バラバラの個性を持っていました。

戦時中、養父母とともに移った疎開先は山形でしたが、当時の農村では、子どもが農作業を手伝うのは当たり前のことでした。

しかし、都会から来て農作業を手伝っている私は、まわりから見たら「かわいそうな子ども」だったことでしょう。

でも、私にはそれが当たり前。私自身、農作業は大好きでしたので楽しんでやっていましたし、体を動かして両親を助けるということを、嫌だと思ったことはありませんでした。

いま振り返ると、こうした子ども時代を過ごしたことが、人と比べない生き方をする基礎になっています。

反面教師が教えてくれることは

人生で出会うすべての人は、自分に何かを教えてくれます。

そこに年齢は関係ありません。

私は、「人類はつねに進化している」と考えています。若い人たちは、私たち世代よりすぐれた感性を持っています。85歳になったいまでも、彼らから教えられること、見習いたいと思うことはたくさんあります。

時には、

「ああいうふうには、なりたくないなあ」

と人から教えられることもあります。

つまり、**出会う人はすべて、教師か反面教師です。**

そう考えれば、日々の暮らしはすべて学びの場になります。

尊敬できる人、「こうなりたい」と思う人とたくさん出会えるのは、幸せなことです。自分に役立つ教えを受け取り、成長することができるでしょう。

一方で、自分を裏切る人、陥れる人、物やお金を奪う人など、反面教師との出会いは、不幸なことでしょうか？

私にもそういう出会いはありましたが、いまはそういう人にもすべて感謝することができます。

つらい思い、悲しい思いをしたことで、人のつらさや悲しみが思いやれるようになりました。いつも恵まれていたら、人の痛みをわかることはできなかったでしょう。そして、

「自分は絶対に、あの人のようにはしない」

と、思えるようになりました。

「去っていく人を見返してやろう」

と、自分が前に進むためのエネルギーに変えたこともあります。

若い頃、職場の先輩から出張の経費を盗られたことがありました。しかし、会社の判断で先輩を追及しないことになり、私が責任を取ることになりました。

事情を知った人は、私の代わりに怒ってくれましたが、産みの母だけは違いました。

「よかった、あなたが泥棒じゃなくて。盗られるほうでよかった……」

母は私を抱きしめ、こう言って泣いたのです。

幼い頃に生き別れた産みの母とは、大人になって再会することができました。20年近く離れて暮らし、他人に育てられた私のことを、母はいつも心配していたのです。

自分が娘を手放したことで、苦労をかけさせ、その苦労が悪い形で身についているのではないか。私のせいで、申し訳ない……。

そう思っていた母は、いつも私に
「照子、苦労させたね。あのときあなたを手放してごめんなさい」

と謝り続けていました。

「そんなことないのよ、私はとっても幸せだったの」

私は母に何度も伝えましたが、母は、「自分に心配をかけまいとして言っている、本当は大変だったに違いない」と思い込んでいました。娘が苦労のあまり、悪い人間になっていたらどうしよう、という不安を持ち続けていたのです。

「盗られるほうでよかった」

という言葉は、長年の不安が解消された、母の気持ちから出たものでした。

私はこのとき、母の慈悲深さと、娘に対する無償の愛、親子の絆を強く感じました。


この経験は私に、良心に従って生きることの大切さを教えてくれました。

「なぜ、その人がそうしなければならなかったのか？」

そう思いを馳せることも、学びになりました。

世の中には、いい人も悪い人もいます。

もう少し詳しく言うと、誰の中にもよい面と悪い面があり、「よい面をどんどん伸ばして生きていく人」と、「悪い面ばかり大きくして生きていく人」がいるということです。

そして、よく生きるためのコツは、「悪い面をなくそう」とするのではなく、「よい面を伸ばすように生きる」ということです。そうすれば、悪い面が出てくるヒマがなくなります。

「類は友を呼ぶ」というように、人は同じ波長を持つ人を引き寄せます。

自分が成長してレベルアップすると、より素晴らしい人と出会い、素晴らしい人生を送ることができるようになります。

私はそのことを、多くの教師と反面教師との出会いから学びました。

大きな力を敬う

私の生き方は「絶対受け身」。

出会う人も必然、起きることもすべて必然ですから、何かトラブルがあったとしても、

「なんで私がこんな目に……」

と、嘆き悲しむようなことはしません。

起きた出来事から何を学ぶべきか、その意味を考える。

そして、それを乗り越えるための段取りをする。たったそれだけ。とてもシンプルです。

友人から悩みを打ち明けられたときも、同じです。

同情やなぐさめをするより、

「このことから、何を学べと言われているのかしら。一緒に学ぼうね」

と言って知恵を出しあい、乗り越えていきます。

こうして一つひとつ、課題を乗り越えることで、必ず成長できます。

そう腹をくくれば、どんなことも心配する必要はないのです。

生きているのは、使命を果たすため

宇宙のスケールから見れば、私たち一人ひとりはちっぽけな存在です。

でも、見えない力に導かれて、同じ使命を持つ人が出会い、影響を与えあう。

チームとして協力しあうことで、ひとりではできなかった大きな夢を叶えることができる。

同じ時代を生きる私たちは、夢を叶えるチームメイトのようなものではないでしょうか。

そして、天に召された人々もまた、見えない力で私たちを応援してくれているのを感じます。

私の自宅には、「ホトケコーナー」と呼んでいる一角があります。ここは、亡くなった方たちをまつり、感謝を忘れないための場所です。

私を育ててくれた5人の親たち、夫、兄弟など親族、仕事でお世話になった方、古くからの友人、ともに暮らした犬猫の写真や、お札などもここにあります。

朝の日課は、この一角に香りのよい伽羅《きゃら》のお線香を供え、ご先祖や親しくしていた方のお名前を読み上げることです。

長く生きていると、友人知人が増えますが、天に旅立つ方も増えていきます。一人ひとりを思い浮かべながらお名前を呼び、感謝を伝えていると、あっという間に時間が経ち、お線香が短くなっています。

お名前を読み上げる方の中には、同世代の仲間や、私より年下で亡くなった方たちもいます。

つい最近、このコーナーに新しく入った年下の仲間、広木奈津子さんのことを紹介させてください。奈津子さんはいまから30年近く前、大人の女性向けに開いた「ハッピーメイク講座」の1期生でした。

この講座の目的は、メイクでその人らしい外見、なりたい自分の外見を表現することで、夢を実現し、幸せに生きる人を育てることです。

奈津子さんは背が高く、長い髪にパーマをかけ、顔立ちも華やかで存在感があります。でもその表情は暗く沈んでいました。息子さんのひとりが家に引きこもっていることに悩んでいたのです。奈津子さんのように存在感がある人が暗い顔をしていると、まわりにもその暗さは伝染しやすくなります。

ハッピーメイクを学ぶうち、奈津子さんは伸ばしていた髪をバッサリ切り、メイクもボーイッシュな雰囲気に。宝塚の男役スターのようなかっこよさは、もともと持っていた彼女の快活さを引き出し、明るく元気になっていきました。

奈津子さんはメイクのプロになることを志し、私が1994年に開校した「フロムハンド」メイクアップアカデミーのヒューマン科1期生になるため、80万円を用意していました。そんな時期に、「フロムハンド」の前身となる「ザ・ベストメイキャップスクール」の卒業制作発表会が開かれ、奈津子さんは長男のD君と一緒に見学に訪れました。ヘアメイクはもちろん、衣装や演出まで学生たちが作り込んだ華やかでクリエイティブな舞台を見て、D君は目を輝かせ、興奮した表情で

「自分もこういう道に進みたい！」

と奈津子さんに話してくれたそうです。

引きこもっていた息子にやりたいことが見つかり、奈津子さんはとても喜びました。自分のために用意していた80万円を譲り、D君をフロムハンド本科一期生として入学させたのです。D君はフロムハンドで学び、音楽とメイクの楽しさを知りました。そして、そこで出会った仲間とロックバンドを組んでボーカリストになり、熱心に音楽活動をしました。

その後、次男のT君もまた、メイクに興味を持ち、フロムハンドで学びました。

彼はいま、メイクアップアーティストとして大活躍。結婚して二人の孫を奈津子さんに見せることもできました。

奈津子さん自身も、プロのメイクアップアーティストとして活躍。シャンソンの歌手としても何度もコンサートを開き、その明るさでたくさんの人に希望を与え続けました。

70代半ばで病気がわかり、最後の2年間は長男のD君が奈津子さんを支えました。お母さんのために料理を作り、病院や外出につきそい、献身的にお世話をしたそうです。

お通夜の席で、次男のT君は、

「僕が化粧をしたんです」

と言って、奈津子さんのお顔を見せてくれました。眠っているようにおだやかな、美しい表情でした。

長男のD君は、奈津子さんを慕い訪れた人たちに感謝を伝え、

「母の世話をした2年間で、料理も介護も上手になりました。みなさんがもし困

ったことがあったら、僕を呼んでください。必ず助けにいきます」

と力強く話してくれました。

こんなふうに、人の縁はつながっていきます。見送った人の人生を語り伝えることも、私の役割だと感じています。


毎朝手を合わせて旅立った仲間を思い浮かべるとき、自分がこうして生きている意味を考えます。

「私にはまだ使命が残されている。だからこうして生かされている」

天から見守る、たくさんの仲間の応援を受けながら、世のため、人のためにできることをやり続ける。

すると、私が思い描いたよりももっと大きく、世の中のためになる形で、描いた未来が実現する。私はそう信じています。

感じる心を忘れない

忙しいのは自分の運命、と受け入れている私ですが、どんなに忙しくても、欠かさない予定があります。

それは、毎月1回、銀座にある「壬生《みぶ》」というお料理屋さんで食事をすることです。私は新しいものが大好きで、子どもの頃から飽きっぽいところがありますが、このお店にはもう30年以上、もしかすると40年近く通い続けています。

壬生は8席だけの京料理のお店で、完全な会員制です。最初は急に行けなくなった知人に誘われて伺うことができました。

はじめて伺ったときから、

「毎月ここに来たい！」

と思いましたが、会員の枠はいつもいっぱい。まずはキャンセル待ちです。最初の頃は、急にお客さんが来られなくなったときだけ、ときどきお声がかかりました。

そんな期間を経て会員になることができ、以来月1回、土曜日の11時に伺っています。秋ごろにお店から翌年のお知らせが来ると、翌年1年分の予定を真っ先に押さえます。

一期一会の味から学ぶ、たくさんのこと

このお店、お料理はもちろんですが、おもてなしすべてに日本の美意識が反映されていて、実に素晴らしいのです。お代は月謝袋に入れてお渡しします。訪れる方も感度の高い方ばかり。**ここで食事をすること、そのものがお勉強なのです。**

お料理は季節ごとに旬の素材のおいしさ、美しさが最大限に引き出されています。そして、その味は一期一会です。同じ食材でも、産地や生産者、その年によ

って入手できる素材は異なりますから、それぞれの持ち味を生かした一品となって供されます。

秋は松茸、早春はフキノトウやタラの芽。30年以上通い詰めても、一度として同じ料理が出てきたことはありません。

盛りつけや食べ方でも、五感のすべてを楽しませてくれます。器や掛け軸、お花にも日本の四季や伝統が反映されていて、何年通っても新鮮な驚きと喜びがあります。

たとえば、桜の季節。愛らしい桜の花が施されたお膳の裏に、紅葉《もみじ》の柄があったりします。これは、

「春の桜だけを愛でると、秋の紅葉がやきもちを妬くから」

あなたを忘れていませんよ、という趣向なのだそうです。

季節に対して、お花に対しての思いやりをこうした形で表現する。そこに日本の文化の深さやおもしろみを感じることができて、知れば知るほど勉強になります。

このお店はご主人がお料理を、女将さんがお店のしつらえと給仕を担当していきます。ご夫婦の独創性と日本の伝統が絶妙に合わさり、「おもてなし」として表現されていることが本当に素晴らしい。

だから、深みがあるし、誰にも真似ができない。いつも新鮮なのです。

美容の仕事をする上でもたくさんの刺激を受けていますし、日本の伝統を次の世代に受け渡すためにもとても参考になります。

ご夫婦は「一代限りで、やれるところまでやる」とのこと。

私もお店に続く階段を自分の脚で登れる限り、通い続けたいと思います。

ところで、「忙しい」の「忙」という字は、ご存知の通り、「心を亡くす」と書きます。

どんなに忙しくても、心を亡くさないために。感性を刺激し、感度を上げてくれる壬生での時間は、私にとって欠かせないもの。

このお店の存在に心から感謝しています。

第4章

捨てるものは潔く

去る者は追わない

あなたは、いま自分がいる場所に満足していますか？

仕事にしても、家庭にしても、「いま、あなたがそこに存在している」ということは、「その場所にいたくても、いられない誰か」が存在するということ。

自分がそこに存在する意味を知り、価値を作り出す必要、使命を果たす必要があると思います。

それはどんな仕事でも同じです。

たとえばレストランの接客スタッフだったら、

「この人、感じがいいからもう一品頼んじゃおう」

「この人の顔が見たいから、またこのお店に来よう」

と思われるような働き方をしたら、お店もその人を雇ってよかったということになるし、その人も使命を果たしていることになります。

「いま、自分がしている仕事は、ほかの誰かがやりたかった仕事」

そう思うと、仕事に対する姿勢も変わってくるかもしれません。

気持ちが離れたら、すぐやめるべき

私は、「いい仕事をしたい」、「もっとがんばりたい」と言う人を応援します。反対に、努力をしないで「もうやめようと思うんです」と言う人には、即座に「おやめなさい」と、言い渡します。化粧品会社時代から、独立して今日に至るまで、何度もそういうことがありました。

引き止めることをしないので、冷たい人、ひどい人と言われることもあります。でも「やめよう」という人がズルズルと半年いても、組織は半年より先のことまで計画して動きますから、お互いの気持ちにズレが生まれます。

「やめよう」と思った瞬間から気持ちは離れているのですから、本当は即座に「お疲れ様」としたほうがお互いのためなのです。

また、

「組織にいるのだから、与えられた仕事をやっていればいい」

と考えてしまうと、人の成長は止まります。

不平不満が多いのも、こういう人たちです。私の経験でいうと、不満が多い人が3人以上集まると手に負えなくなり、どんどん場のエネルギーが下がります。

経営的立場にある人は、不満分子が3人になる前に手を打つのが得策でしょう。

前向きなエネルギーを持ち、チャンスをつかみ取るのは、目標のある人です。

あなたが組織に所属しているにしても、フリーランスだとしても、つねに背筋を伸ばして目標を持ってほしいと思います。

その前向きなエネルギーが、あなたもまわりの人もハッピーにします。

言い訳は捨てる

ニューヨークに、つきあいの古いキャリアウーマンの友人がいます。あるとき彼女にメイクアップを頼まれて会いにいくと、とても疲れた様子でした。

「今日、40人に解雇を言い渡すのよ。その前にメイクをしてもらいたかったの」

仕事とはいえ、クビを言い渡すのはとても気が重いことだったのでしょう。私は彼女を元気づけるようにメイクをして、仕事に送り出しました。


後日彼女に会うと、興味深い話をしてくれました。

「解雇を告げると、男性はすぐ『弁護士のところに行く』と言う。一方女性は『あたし、こんなにがんばったのに』と泣いて、なだめるのにすごく時間がかかるけれど、最終的には『わかりました』と、その場で解雇を受け入れる」

この話を聞いて、私はこう思いました。

「がんばったのに、だけではダメ。結果が出なければ意味がない」

経営者としての私、組織人としての私は、実はとても厳しいのです。

私は昭和30年、20歳のときに化粧品会社に採用されましたが、当時は結婚や出産を機に退職する女性がほとんどでした。

でも私は仕事が大好きだったので、結婚、出産はもちろん、出張に向かうときの事故で自分や家族が大けがをしても、病気になっても、仕事を続けるという前例を作り続けてきました。

そのためには、とにかく実績を上げること。結果にシビアにならなければ、生き残ることはできなかったでしょう。

一歩前に出るために、「結果にどん欲」になってみる

「がんばったのに、認めてもらえない。だからやめるわ」

そう言って会社を去り、フリーになったり、起業したりした同僚もいました。

でも多くの場合、うまくはいかなかったようです。言い訳をするのではなく、認めてもらうための努力、わかってもらうための努力をする必要があったのではないでしょうか。


ただ、いまは時代も変わりました。産休や育休なども整備され、女性が働きやすい世の中になったことは、とても素晴らしいことです。

「私の頃はこんなに大変だったのだから、いまのあなたたちもやりなさい」

と言うつもりはありません。けれど、

「いいよ、いいよ、上がっておいで」

と、手を差し伸べても、上がってこない女性が増えてきていると感じます。

そんな状況にあるからこそ、いまより一歩前に出たいのなら、

「がんばったのに……」

という言い訳を封印して、結果を出すことにどん欲になってみてはいかがでしょうか。**あえて自分を追い込むことも、成長するためには必要です。**

ここ数年、中国本土で、働く女性に対して講演などをする機会がありました。いま、中国の女性たちは非常に成長欲求が強く、目を輝かせて話に聞き入り、質疑応答では活発に意見が交換され、会場は熱気にあふれています。終了後ももみくちゃにされて、なかなか控室に帰れないほどの盛り上がりです。

この活気、エネルギーが中国経済の急成長を支えていると肌で感じました。日本の女性にも、こうした熱気がもう少し感じられるといいな、と私は思っています。

ふかふかで安楽な「重役の椅子」はいりません

2019年、中国の深圳《しんせん》で、300人の観客を前に講演をする機会がありました。開演前、とても大きくて立派な椅子を、男性が3人がかりで舞台に運んできました。

「この椅子は何に使うの？」

と尋ねると、私が座る椅子だ、とのこと。

「私は座って講演をしたことはありません。立ってやります」

そう伝えると、現地のスタッフは「本当にそれでいいのか」、と不思議そうな顔をしました。

「この人は84歳だから、立ってできるはずがない。弟子がメイクをするのを座って解説するのだろう」

おそらく、そんなふうに思っていたのですね。

その立派な椅子はわざわざ手配したもののようでしたが、結局出番はなく、私はいつもと同じように立ったまま講演を行いました。

現役としてのプライドを持ち続ける

似たようなことは、日本でもよくあります。

ときには遠回しに、または直接的に、

「いつまで現役でお仕事をするのですか?」

と尋ねられることもあります。

私が若かった頃、当時の上司にこんなことを言ったそうです。

「私が教えた人より、私のほうがメイクアップが下手だと思ったら、引退するわ」

上司はその話をして、
「だから、いまもあなたが現役でやっているということは、自分の腕に自信があるということでしょうね」
とつけ加えました。

私は85歳になったいまでも、長年の経験や培ったコミュニケーションから、私にしかできない仕事があると信じています。

もちろん、教えた人間が活躍すること、成功することはとてもうれしいです。でも、もし競争したら、コミュニケーションが重要な、印象を分析して言語化しながら行うメイクアップなら私のほうがうまい、というプライドをずっと持ち続けています。その自信が一瞬でもたじろぐことがあったら、私はメイクアップアーティストを引退するでしょう。

私には教育やビジネスなど、メイクアップアーティストのスキル、「思いやり」をベースにした、たくさんの仕事もあるのですから。

ところで、深圳で用意された立派な椅子から、思い出したことがあります。化粧品会社時代、私は50歳で初の女性取締役となりました。新しい部屋には、背もたれが大きくてふかふかの、文字通り「重役の椅子」が用意されていたのです。

「こんな椅子に座ってふんぞり返るのは、私の柄じゃない！　一生現役のメイクアップアーティストとして仕事をし続けたい」

そう体感して、会社を辞めて独立する決意を固めたのでした。

いまでも、ふかふかの椅子はあまり落ち着きません。

打ち合わせなどに使う部屋には大きくてゆったりしたソファが置いてあります。でも私が座るのはもっぱら、堅い木でできた椅子。

背もたれもひじかけもありませんが、座面のゆるやかなカーブがしっかりと体をおさめてくれます。

背筋を伸ばし、足を揃えてその椅子に座るのが、私はいちばん落ち着くのです。

コラム

心配は捨てる

「終活をどう考えていますか？」

先日、雑誌の取材で聞かれました。

私は会社や学校を運営していますので、後継者をどうするか、組織をどうするかというオフィシャルな終活はしています。

でも、プライベートな終活は特に何もしていません。

年齢的にはもうとっくに老後に入っているのでしょうが、特に老後の心配もしていません。**だって、心配しても何の役にも立ちませんから。**

2019年に、「老後2000万円問題」というのがありました。

金融庁の報告書で、収入を年金のみに頼る世帯では、老後のために約20

00万円の老後資金が必要になると発表され、「そんなに必要なの？」と、私もびっくりしました。

さかのぼれば、私が60歳くらいのときには、「老後もいまと同じように暮らすには、1億円は必要」という話も聞いたことがあります。

そのときも「え、1億円？」とうろたえましたが、年金が頼りにならないとしたら、年間500万円必要として20年生きれば、単純計算で1億円を使い果たすことになります。

自分にできること、貢献できることを考える

明日何が起きるかは誰にもわかりません。2000万円手元にあったとしても、どうしても出さなきゃいけない事態だってあるわけです。

たとえば、「2000万円あれば、家族の命が救えます」となったら出すでしょう。貯金があれば安心、というわけではないのです。

逆に、お金がある人は「このお金が減ったらどうしよう」という心配があったりします。あまり持っていない人は、減る心配はしなくていい。

心配するよりも、前進することです。

まずは自分に何ができるのか、どんな貢献ができるのかを考えてみる。そうすれば、家族や地域に貢献できることから始めて、社会、国、世界に貢献というように、どんどん貢献できることに厚みが出てくると思うのです。

そういう人生観を持って生きていれば、老後の心配なんていらないのではないでしょうか。

見える景色が変わるし、出会う人も変わる。お金を生み出す、お金を回していくヒントやチャンスもめぐってくるはずです。

たとえば、私が開発してきた化粧品の中には、「仕事や家事、育児で忙しい女性たちに貢献したい」という思いを出発点にしたものがいくつもあります。

時間がなくても、技術がなくてもきれいになれるように「これひとつあれば、簡単にお肌が整う」という製品の開発に力を注ぎました。それは、私自身が欲しかったものでもあります。

その結果、化粧品会社に勤めていた時代に生み出した、世界ではじめての美容液や、パウダーファンデーションは、忙しい女性たちから圧倒的な支持を得て大ヒットしました。

また、私は75歳から彫刻を習い始めたのですが、木彫作品の仕上げにブラシで蜜蝋《みつろう》を塗りこむと、乾燥を防げることを知りました。

「これは、化粧品にも応用できそう！」

と、蜜蝋入りのファンデーションを開発したところ、こちらも大ヒット。

「ブラシで簡単につけられて、肌がしっとりツヤツヤに保てる」

と、たくさんの方に愛用されています。

こんなふうに、自分自身や身のまわりの人のニーズを探り、自分の経験や知識などのリソースを掛け合わせると、お金を生み出すヒントが見つかるかもしれません。

いまは変化のスピードが速いので、求められるモノやサービスも刻々と移り変わるでしょう。そんな中でもつねに「私ができること、工夫できることは何か？」、「私が貢献できることは何か？」を追求していけば、必ずお金を巡らせるチャンスはつかめます。

たとえば、いま30代の私の孫夫婦は、メルカリのようなネット上のサービスで上手にお小遣い稼ぎをしているようです。

「こういう人がターゲットなら、この曜日のこの時間帯に出品するのがいいかも」というように、夫婦で試行錯誤し、楽しみながら使い方を研究しています。ちょっとした工夫をするだけでも、売れ行きが違うのだそうです。

私は数年前から、その道の達人のアドバイスを受けながら、投資の勉強もしています。投資先は、**「社会に貢献している会社を応援する」ことを基準**

に選んでいます。だから、その会社が成長してプラスになれば株を売ってもいいし、マイナスになったとしても、応援のために買ったのだから持ち続ける、というスタンスです。

こういうスタンスだと、株価の上下にむやみに振り回されることもありません。

元気なうちは私自身が稼ぎますが、体が動かなくなったら、投資したお金に稼いでもらう。そのお金は、私が立ち上げた奨学金制度や、「アマテラスアカデミア」（69ページ）を存続させるために役立てていきます。

お金の貸し借りで関係をこわさない

「お金を貸してください」

そう頼まれて、結局は戻ってこないという経験を、これまでの人生で山ほどしてきました。

お金が戻ってこないこと、それ自体残念ですが、もっと残念なのは、それが原因で相手との関係がとだえてしまうことです。

それで、私は人にお金を貸さないことにしました。

その代わりに、**お祝いやお見舞いという形で、自分にとって無理のない額のお金を差し上げる**ことにしたのです。

たとえば、

「会社を立ち上げるのだけど、資金が足りないから貸してほしい」

と言う人には、

「貸すことはできないけれど、これはお祝いね」

と言って、封筒に入れて渡します。

「事業が立ちいかなくなって、当座の生活費も苦しい」

と言う人に、

「じゃあこれは、奥さんに渡してね」

とお金を差し出したこともあります。

借りるときと貸すときでお金の大きさは変わる

金額は、最高15万円までと決めています。私の生活レベルでは、そのくらいまでだったら「返さなくていいよ」と言えるからです。

受け取った人は、「こんなにたくさん」と思うかもしれないし、「これでは足りない」と思うかもしれません。

どちらに思われても、自分のできる範囲の援助をするだけ、と決めました。

お金というのは不思議なもので、借りるときには、10万円でも20万円でも「返せる」と思うし、感謝もします。でも、いざ返すとなると、その金額をとても大きく感じてしまうし、感謝の気持ちもうすれてしまう。

それが人間の本能なのかもしれません。事業が成功した人でも、お金を返してもらえなかったことは何度もありますから。

お金を借りたまま、返さない、返せないという状態が続くと、「相手に悪いな、申し訳ないな」と思います。すると、だんだん目を合わせなくなったり、会うのを避けるようになったりして、最後には縁が切れてしまいます。

もともと、借金を頼めるのはある程度関係が近い人が多いはず。仲のいい友人や、つきあいの古い知人との関係がぎくしゃくして、こわれてしまうのは悲しいことです。

だから、貸すのではなくて、自分にとって無理のない範囲で差し上げる。そうすることで感謝されるし、人間関係が続きます。

私が苦い経験から得たやり方なのですが、参考になれば幸いです。

迎合は捨てる

昭和20（1945）年、私が10歳のときに、第二次世界大戦が終わりました。

戦前、戦後の激変、その後の復興を子どもの目で見たことは、私の人生観や生き方に大きく影響しています。

小学校1年生のときに戦争が始まり、戦争は子ども時代の日常でした。

着の身着のままで、お風呂にもろくに入れず、大人も子どもも、いつもお腹をへらしていました。

「日本は強い。絶対勝てる」と教えられていたのに、多くの人が死んで東京が焼け野原になっていきます。ひとり残されたお年寄りが、家族を探しています。

敵の飛行機が墜落し、落下傘（パラシュート）でアメリカ兵が降りてくると、大人たちが寄ってたかって石をぶつけにいきました。そうして人を殺すことが平気になってしまった人も、たくさんいました。

「偉い人、素晴らしい人」とあがめられていた総理大臣が、敗戦後は丸刈りにされ、ひもで繋がれ、絞首刑になりました。

戦争が終わった途端、「これまでの教育は間違っていた」と言われ、教科書を墨で塗りつぶすよう言われました。

「いったいこれは、どういうことだろう？」

「なんでこんなことになるんだろう？」

子ども心に、「日本はひどい国だ」、と思いました。

戦争の本当の恐ろしさは、体験しないとわかりません。だから、体験者の言葉には耳を傾けてほしいと思います。

いまでは、政治家の中にも、戦争を体験した人はほとんどいません。だから私は、日本にもあんな悲惨な時代があったということを、いまを生きるあなたに語り継ぎたいと思っています。

世界ではいまも戦争や内戦があり、飢えて命をおびやかされている人がたくさんいます。それは他人ごとではありません。日本にもそんな時代があったことを、どうか忘れないでください。

養父が身を持って教えてくれたこと

私の養父は、戦前は東京で家具関係の仕事をしていました。

でも、戦争が始まったら、家具なんて必要なくなります。「入れるものもないから」と、寒さの中で暖をとるためにタンスを燃やしていたような時代です。

養父はそれを先読みして、防空資材を扱う仕事を始めました。防空資材とは、防空頭巾（いまでいう防災頭巾）や、建物の消火に使う火たたき、縄ばしごなど、戦時下で身を守るために必要な用具です。養父が開発した防空頭巾は、フェルトでできていて爆弾の破片やガラスなどが刺さりにくいと表彰され、新聞にも載ったことがありました。養父はその仕事で戦時中に大成功しました。

お店のまわりが空襲で焼け、その火を消そうとする人々が、店の品物である防空資材を持っていったことがありました。店を守れず謝る大家のおばあさんに向かって、養父はまったく怒らず、こう言いました。

「持っていったものでひとりでも助かったのだったら本望です。こんな戦争はすぐ終わる」

あの時代に、そんなことを言う人はいませんでした。

「なんてかっこいいのだろう!」

権力に迎合せず、達観している養父の姿がとても頼もしく見えました。

そんな養父はある日、私に、こう言いました。

「照子、時代の波に乗るんじゃない、時代の波を作るんだ」

流行りに乗るのではなく、新しい流れを作る。イノベーター、革新者になれ、ということです。

戦争が終わり、大人になった私は気がつけば勤めていた化粧品会社でははじめての女性重役として勤め上げ、85歳の美容家としていまも最前線を走っています。

ときどき、若い人から「照子先生は昔からこんなにポジティブだったのですか」「30代、40代の頃はどんな女性だったのですか」と聞かれます。

思い返してみてもやっぱり私は、ネガティブなときもあったけれど、基本的にはこのままの私でした。ひたすら前を向いて走り続け、革新的なものをおもしろがり、美容業界にイノベーターとして貢献し続ける人生です。

この源泉にあるのは、あの日の養父の教えだと日々感謝しています。

「ねばならない」を捨てる

「私、いつまで仕事をしなければならないのかしら……」

出産して職場復帰したばかりの女性から、こんな相談を受けたことがあります。ワーキングマザーの日常は、いまも昔もあわただしいもの。いつまでこの状態が続くのか、とため息をつきたくなるときもあるでしょう。

でも、そんなときこそ**自分の使っている言葉にちょっと注意を向けてほしいの**です。

冒頭の女性は「仕事をしなければならない」と言っていました。

この「しなければならない」という言葉は要注意です。

「ああ、もうこんな時間。ごはんを作らなきゃ」

「夏までに2キロやせなければ……」

仕事や家事、ダイエットに至るまで、ふと気がつくと「しなければ」「やらなければ」が口癖になっていませんか？

私の本では、「～しなければいけない」という表現は使わないことにしています。それは、こうした言葉が無意識のうちにネガティブなイメージを自分の中にインプットしてしまうから。

「仕事は嫌なもの」、「ごはんの支度は面倒なこと」、「ダイエットはつらいもの」というように、日々のつぶやきが心の自由を奪ってしまうからなのです。

言葉を変えれば、気持ちも変わる

私自身も、うっかり「○○しなきゃ」と口走ってしまうことは正直あります。そういうときは、自分に突っ込みを入れるのです。

「しなければいけないから、やっているの？」

「したいからする、楽しいからするんじゃないの？」と。

たとえば、「ごはんを作らなきゃ」ではなくて、「さあ、ごはんを作ろう。今日は何にしようかな？　ワクワクするわ」と言葉を変える。

子どもを保育園に迎えにいくときも、「迎えにいかなきゃ」だと嫌なことを渋々やっているみたい。

それより「うちの子、今日は何をして遊んでいたのかな。早く会いたいな」と切り替えたほうが、自分も子どもも気分がいいと思うのです。

「しなければいけないことをする」人生と、「したいからする」「楽しいからする」人生と。あなたはどちらを選びますか？

何かに束縛され、義務感で生きるのではなく、「自分が選んだ道を、楽しく生きていきたい」と思うのなら、それを言葉に表していきましょう。

自分の言葉に一番影響されるのは、ほかの誰かではなく、自分自身なのですから。

また、子どもがいる方は、「手を洗わなきゃダメよ！」「早く寝なければいけません！」というように、「○○しなければ」というメッセージを頻繁に投げかけてはいませんか。もしかしたら、パートナーや親兄弟に対しても同様のことをしているかもしれませんね。

こちらも義務感に訴えるだけでは、なかなかいい結果、いい関係性にはならないものです。

言葉かけを変えるのと同時に、たとえば、香りのよいハンドソープを用意して、手を洗うのが楽しくなるようにする、夜は光や音の刺激を控えて眠りにつきやすくするなどの工夫をするのもよいでしょう。

1歳になる私のひ孫は、手を洗うのが大好き。

「アワワ、アワワ」

とニコニコして、ハンドソープの泡を楽しみながら手を洗っています。これは、孫夫婦が工夫して「手を洗うのは楽しくて気持ちいいこと、素敵なこと」と教えた結果だと思います。

こんなふうに、自分から進んで行動できるような工夫をすると、お互いにストレスがなくなり、楽しい習慣が身につくと思います。

若さへの
こだわりを捨てる

「あなたは何歳ですか？」

こう聞かれて、

「私は……ウン歳です」

と答える人がいます。

そんなとき私は、ちょっと意地悪して、

「あら、あなたウン歳なの？」

と、問い返したりします（笑）。

なぜ、年齢をごまかす必要があるのでしょう。

「若さ」はたしかに魅力のひとつです。

雑誌や広告の見出しでは、いまも昔も、「このワザで、○歳若く見える」、「この化粧品で、マイナス○歳肌」というような表現が多用されています。

ちなみに、私はいま85歳ですが、「80歳にしか見えません」、「75歳にしか見えません」と言われても、何もうれしくありません（笑）。

目指すべきは、「年齢不詳の魅力ある女性」

それはさておき、「若さ」にばかりとらわれていると、自己表現が不自然になってしまうことがあります。

特に、若いときに覚えたメイクをずっと引きずっている人は、「イタイ若作り」になっている危険性大です。若い頃と同じファンデーションや口紅をつけても、肌の透明感が違いますから、なんとなくフィットしません。

年齢とともに、土台が変化しているわけですから、変化を受け入れて、それに見合ったメイクにシフトしていくことが大切です。

私は、大人の女性には「年齢不詳」になることをすすめます。これは「年を隠せ」ということではありません。本当に魅力的な人は、何歳になっても魅力的。「若く見える」と言われて喜ぶのではなく、あなたにしか出せない魅力を追求していきましょう。

そのために必要なのは、「美人願望」を捨てること。ここでいう美人とは、クセのないバランスのいい顔立ちのことです。

私は、生まれながらの美人も、生まれながらの不美人もいないと思っています。生まれ持った外見は、その人の個性。いいとか、悪いとかいうものではありません。

「同窓会に出席したら、昔は美人と言われていた人が目立たず、昔は目立たなかったのに、いまはとても魅力的な人がいた」などというのは、よくある話です。これは、自分を生かす表現力が身についたかどうかの違いでしょう。

自分で自分をプロデュースする能力がモノをいうのです。

ところで、「肌の経年変化」は悪いことばかりではありません。**大人には、大人しか出せない魅力があります。**若いときのパーンと張った肌とは違う、しなやかな肌から生まれる表情の豊かさは、年齢を重ねてこその魅力です。皮膚にゆるみが出た分、たとえばまぶたがグーッと大きく開いたり、キューっと小さくすぼまったりする。振り幅が大きくなるから、若い頃には出せなかった豊かな表情が出てくるのです。

私がライフワークとしている「からだ化粧」（52ページ）では、30～50代のモデルの全身に化粧をすることもよくあります。皮膚にゆるみが出た分、ウエストをひねったときのラインなどがとても美しく見えます。からだの表情もまた、大人の肌、大人の肉体ならではの豊かさがあるものです。

「私なんて」は捨てる

私は人の長所や魅力をキャッチし、伝えるエキスパートです。

仕事上はもちろん、プライベートでも、出会った人に「あなたのここが素敵なのよ」とお伝えすることがよくあります。

するとときどき、

「いえいえ、私なんて、全然そんなことないんです……」

と全力で謙遜する方がいます。

日本には「謙譲の美徳」という考え方があります。これは、へりくだること、自分を低めることで相手を高めることをよしとする考え方です。

この考えに基づいて謙遜されているのでしょうが、「もったいないなあ」と思います。せっかく相手から長所や魅力を伝えられているのに、自分で否定してチャンスを逃していることになるからです。

それに、一見へりくだって相手を立てているように見えますが、「あなたの言っていることは正しくないですよ」というメッセージとも言えます。あなたの素敵さを見つけた私は、人の美と魅力を伝えるエキスパートなのですが……（笑）。

他人からの言葉も、「なるほど」と思ったことに関しては素直に受け止め、生かしていくといいのではないでしょうか。

自分を客観視できる人は、大物になる

たとえば新人モデルでも、「あ、この人は伸びるだろうな」と思う人は、ほめ言葉に対してもとても素直です。たとえば、

「あなたって本当にきれい！　どうしてこんなに顔が小さいの？」

と言うと、

「そうなのよ～。なぜかわからないけれど、私、こんなにきれいに生まれちゃったのよね」

なんて、さらっと返してきたりします。

謙遜しないし、得意になっているわけでもない。反応がとても自然なので、気持ちがいい。こういう人は大物になるだろうなと思います。

つまり、自分という素材をちゃんと客観視できているのですね。

客観視ができていれば、素材をプラス発想で生かして自分を磨くことができ、人生をよりよい方向に変えていくことができます。

反対に、謙遜ばかりしている人は「ああ、小物だなあ、残念」と私は思います。

ところで女性の場合、同じほめ言葉でも、「受け入れやすいほめ言葉」と「素直に受け取りにくいほめ言葉」があるように思います。

たとえば、

「こんなに重たいものを持てるの？　力持ちね」

「働き者ですね」

というほめ言葉なら、

「そうなんです」

とすんなり受け入れやすい。

でも、美に関することとか、頭脳をほめる言葉に対しては、謙遜しないといけない、という観念が植えつけられてはいないでしょうか。


男女平等といわれて久しい世の中ですが、もしかしたら私たちの心の片隅には、古くからある男尊女卑の感覚がいまも残っているのかもしれません。女性は仕事をするより、結婚し家庭を守るのが普通の生き方だった時代には、控えめで男性におとなしく従う女性がよしとされていました。

「そうなの、私は美人だし、頭もいいのよ」

と言うような女性は、男性には敬遠されていました。その時代の名残があるのではないでしょうか。

自分もそうかもしれない、と思った人は、今日から反応を変えてみませんか？

謙遜グセをあらためて、自分の長所や魅力を堂々と受け止める。
そうすることで、あなたの可能性はもっと広がっていくと思います。

無難な道は選ばない

いまから30年くらい前、ニューヨークで、とても個性的な10代のモデルにメイクアップしたときのこと。

「私が日本に行ったら、人気が出ると思う？」

と尋ねられました。

私の答えは、ノーでした。

彼女は面長で目の位置が高く、鼻がスーッと高く、口が大きい、大人っぽい顔立ちでした。

いまでこそ、日本でも個性的なモデルやタレントが受けるようになりましたが、当時はかわいいタイプしか人気が出ない時代でした。

「あなたは個性が強いから、それを生かしたほうがいいと思うわ。どんなふうに自分を見せたい？」

そう伝えると、彼女はこう答えました。

「悪い女に見せたい！」

私は彼女の大きな唇に、黒い口紅をつけました。メイクで妖婦のようなイメージを作ると、彼女はすっかり悪女になりきり、カメラの前でふてくされたような表情をしました。

それがなんとも決まっていて、彼女ならではの個性や大人っぽさが際立つ、とてもインパクトのある写真に仕上がりました。

顔立ち、メイク、服装を伴わせる

こんなふうに、ニューヨークでは10代の女の子でも自分の個性を打ち出すことにためらいがありませんでした。

でもいまだに日本では、「かわいく見られたい」と、何歳になっても無難な線を選ぼうとする女性が多いように思います。

人の個性、魅力というのは、実に多様多彩です。

大切なのは、自分の個性を肯定して、生かす方法を考えることです。

たとえば、しっかりしたあご、大きめの口という顔立ちは、生命力にあふれ、イキイキした印象があります。

こういう人が、

「あごが気になるから、目立たなくしたい。口も小さく見せたい」

と、せっかくの個性をおおい隠そうとすると、不自然になりがちです。

さらに、

「服装くらいはかわいらしくしたい」

と、ピンクの小花柄のブラウスや、フリルいっぱいのワンピースを着たりすると、不自然度はワンランクもツーランクもアップしてしまいます。

「なるべく無難に、目立たないように」

とすることで、かえってギャップが目立ってしまうのです。

強い顔をしている人には、強い服が似合います。

たとえばアニマルプリントとか、大胆な色づかいの服も、素敵に着こなすことができるでしょう。

外見を戦略的に使うと、より生きやすくなり、人生が楽しくなります。

外見と内面のギャップは魅力にもなる

「外見」と「内面」は、互いに影響を与えあっています。

「外見がしっかりして見える」から、「内面もしっかりした」、ということもあるでしょう。

反対に、内面が「しっかり者」だから、外見も「しっかりして見える」ということもあるでしょう。

外見と内面が一致していれば、ストレスは少ないでしょう。でも、外見と内面にギャップがあり、外見から判断されるままに無意識に内面をおさえている場合は、そのストレスから生きにくさを感じやすくなります。

たとえば、

「おっとりした顔立ちなのに、とても気が強い」

という人の場合。

外では外見に合わせておっとりした人を演じているけれど、家に帰るとどっと疲れが出たりします。

こういう方は、たとえばメイクで眉頭に濃い色を入れて少し強調してみる。眉は感情を表すパーツです。強めに描いた眉は、意思の強さを感じさせるのです。すると、まわりの見る目も変わるので、楽にふるまえるようになります。仕事でも、もっと責任のある仕事を任せてもらえるようになるかもしれません。

ただ、外見と内面にギャップがあるのは、必ずしも悪いことではありません。

「クールに見えるけれど、実はお茶目」というように、意外性を見せるのも魅力のひとつです。

まず、「自分がどんな印象を持っているか」を知り、「どう見せたいか」という戦略を立てる。そして「なりたい自分」の姿をメイクやファッションで上手に表現することです。プライベートも仕事も、ますます充実していきます。

「自分ではよくわからない」という場合は、私たちのような外見のプロの力も、ぜひ活用してください。


外見を優劣で見ると、「ほかの人と比べて、私は目が小さいし、鼻が低い」というように、コンプレックスが生まれやすくなります。すると、「欠点を埋める」マイナス発想のメイクをやってしまいがちです。

マイナスをゼロにすれば、無難にはなるでしょうが、プラスの印象は生まれません。

そうではなくて、世界でたったひとつのあなたの個性、あなたならではの魅力を生かしてほしいのです。

私は、メイクアップは心の呼び水だと思っています。

メイクで外見を適切に表現すると、心が整い、才能や能力が花開き、人間関係が変わり、生き方が好転します。

いま、時代が大きく変わろうとしています。

「これでいいや」「どうせ私なんて」と、無難な道、安全だけれど退屈な道を選ぶのはやめましょう。

まだ誰も行ったことのない道を行き、見たことのない世界を、一緒に築いていきましょう。

おわりに

ていねいに見直す。
よりよく生きる

4月初旬、平日の昼下がり。自宅でこの原稿をまとめています。

今年は桜の開花が早く、すでに散り際を迎えています。

ふだんはアクティブに仕事で飛び回っていますが、このところ新型コロナウィルスの影響で、在宅で仕事をする日々が続いています。

平日に自宅でゆっくり過ごすなんて、いつ以来でしょう。

もしかしたら、大人になってからはじめてのことかもしれません。

「これまで、忙しさにまぎれて、ちょっと荒っぽく生きていたかもしれない」

いつもと違う時間の流れは、そんな反省を私に与えてくれました。

昨年は5冊の本をめまぐるしく出版しましたが、いまはこの本の原稿をじっくりと、ていねいに読み返す時間を持つことができています。

「先のことを思いわずらうよりも、この時間を大切にしよう」

そんなふうに思う日々です。


いまは、娘のひろ美と二人の生活です。お互い忙しいので、同じ家に暮らしていてもふだんはすれ違うことが多いのです。

でも最近は家にいる時間が増え、一緒に食事をすることができています。

料理が大好きなひろ美は、おいしいものを作って食べさせる係。

私は洗うのが大好きだから、食べて後片づけをする係。

そんなふうにお互いが得意なことを分担して、

「おいしかったわ」

「ありがとう」

と感謝を伝えあう。

こうした会話ができることも、本当にありがたいなと思います。

こんなふうにして自分の仕事の仕方や時間の使い方、家族との関係などを、一つひとつていねいに見直しています。

見つけたことを、これからの人生に生かしていきたいと思っています。

私たちが人を思いやり、すべての命を敬い、自然と調和し、よりよく生きることが、失われた命に報いることになるのですから。

生きている限り、日々いろいろなことが起こります。

予想もつかない出来事に、ゆれ動くこともあるでしょう。

そんなときは、

「私はこの出来事から、何を学べといわれているんだろう」

と、自分に問いかけてみてください。

人生をプラスに変えていくヒントが、きっと見つけられるでしょう。

小林照子

なりたい自分で生きるための3つの大切なこと

何歳からでも、気づいたときに人は変われます。
うまくいかずに悩んだとき、変わりたいと思ったとき、
3つのことを思い出してください。

1　夢は言葉にしてまわりの人に伝える

自分の夢や希望を口に出して伝えましょう。
そうすることで夢や希望がしっかりした輪郭を持ち始めます。
何歳からでも、願い続け、行動すれば夢はかないます。

2　いつもほがらかでいる

歳を重ねるほど、女性は自分で自分を明るく整えることが大切。
これを私は「自家発電する」と呼んでいます。
私がおすすめする自家発電のレシピは「ほがらかでいる」こと。
ほがらかな人に幸福は寄り添います。

3　少しの欲を持ち、少しの努力を重ねる

なりたい自分になるためには、
いまより少し上へという欲を持ちましょう。
そうして、ほんの少しの努力をしましょう。
ほんの少しの積み重ねで、あなたの人生は大きく変わります。

小林照子（こばやし　てるこ）

1935年生まれ。美容研究家・メイクアップアーティスト。

戦中から戦後にかけ、生みの親、育ての親、義理の親ら5人の親に育てられるという少女時代を経て、上京。保険外交員の仕事をしながら、美容学校に通う日々を送る。

その後、化粧品会社コーセーにおいて35年以上にわたり美容について研究し、その人らしさを生かした「ナチュラルメイク」を創出。美容液やパウダーファンデーションをはじめとする時代をリードする数多くのヒット商品を生み出し、一世を風靡する。また、メイクアップアーティストとして、広告・ショー・テレビ・舞台など、女優から一般の女性まで何万人ものイメージづくりを手がけ、どんな人でもきれいに明るくすることから「魔法の手」を持つ女と評される。

91年、コーセー取締役・総合美容研究所所長を退任後、56歳で会社を創業、美・ファイン研究所を設立する。独自の理論で開発した「ハッピーメイク」は大きな話題となり、94年、59歳のときに、［フロムハンド］小林照子メイクアップアカデミー（現［フロムハンド］メイクアップアカデミー）を開校。以来、校長として数多くのメイクアップアーティストやインストラクターを世に送り出す。

2010年、75歳のときに、高校卒業資格とビューティの専門技術・知識の両方を取得できる新しい形の教育機関、青山ビューティ学院高等部を本格スタート（現在、東京校と京都校がある）。多感な高校生たちの教育に情熱を傾け、若者の夢と情熱を応援しながら、学園長として未来の担い手である人材の育成を行っている。

85歳を迎えたいまもビジネスの第一線で活躍。

近年は、現場力を持った女性リーダーを育成する私塾「アマテラス　アカデミア（ATA）」を開講。自分のビジネスを旺盛に展開する傍ら、未来を担う人材の育成にもより一層注力している。著書多数。

なりたいようになりなさい

2020年6月10日　初版発行

著　者　小林照子
発行者　杉本淳一

発行所　株式会社 日本実業出版社　東京都新宿区市谷本村町3-29 〒162-0845
大阪市北区西天満6-8-1 〒530-0047

編集部 ☎03-3268-5651
営業部 ☎03-3268-5161　振　替　00170-1-25349
https://www.njg.co.jp/

印刷・製本／リーブルテック

この本の内容についてのお問合せは、書面かFAX（03-3268-0832）にてお願い致します。
落丁・乱丁本は、送料小社負担にて、お取り替え致します。

ISBN 978-4-534-05784-6　Printed in JAPAN